まちづくりブックレット2

宮崎市地域自治区
住民主体のまちづくり

宮崎市地域振興部地域コミュニティ課
地域まちづくり推進室 著

JN092927

東信堂

「まちづくりブックレット」を手にみんなで考えよう

地域コミュニティとコミュニティ政策について、市民たちが自分ごととして考えていける素材を提供することを目指して、このブックレットシリーズを刊行します。

コミュニティ政策学会は、すでに2013年から『コミュニティ政策叢書』を、東信堂のご助力を得て、刊行してきていますが、さらに裾野を広げて、一般の読者にも読みやすく分かりやすいブックレットを考えました。地域住民組織、地域まちづくり、地域福祉、地域民主主義、地域分権、地域のつながりなどなど、地域のことを考える共通の言論の場をつくりたいとの思いから、企画しています。

この小さな冊子を手にとって、ともに考えてみませんか。

2020年1月
コミュニティ政策学会

はじめに

宮崎市は、日向灘《ひゅうがなだ》に臨む宮崎県の中央部に位置し、青い海と空、四季折々の花や緑に彩られ、豊かな自然と温暖な気候に恵まれた中核市である。

一九二四（大正一三）年に市制を施行し、その後、昭和の合併を経て、県都として発展を遂げてきた。そして、二〇〇六（平成一八）年一月の佐土原町《さどわらちょう》、田野町《たのちょう》、高岡町《たかおかちょう》との合併に続き、二〇一〇（平成二二）年三月に清武町《きよたけちょう》と合併し、人口約四〇万人の新たな「宮崎市」として、市域の拡大とともに、自然環境や歴史・文化、地域の産業といった新たな地域資源も加わっている。産業構造もより一層充実し、『食』『スポーツ』『神話』『花』といった宮崎らしさを生かした取組により、販路や交流人口の拡大を図りながら、地域自治区を軸とした地域のまちづくりを推進しているところである。

二〇一八（平成三〇）年三月には、本格的な人口減少社会の到来を見据え、向こう一〇年間の長期ビジョンとなる第五次宮崎市総合計画を策定し、「未来を創造する太陽都市『みやざき』」を将来像に掲げ、新たな価値を共に見出す「共創」の考え方に基づき、市民や事業者、行政が主体的に、あるいは連携して、地域の多様な主体が持つ知恵やノウハウを共有し、経営資源や地域資源を有効に活用しながら、地域の特性や住民ニーズに合った取組により、多様で自律性の高いまちづくりを推進していくこととしている。

二〇二〇（令和二）年三月には、第五次宮崎市総合計画を踏まえ、宮崎市市民活動推進基本方針」を改訂し、「すべての市民が相互に支え合う地域社会の実現」を基本理念に、多様で自律性のあるコミュニティ形成を目指し、市民活動を担う人材の育成や多様な主体が連携しやすい環境の整備を進めている。

そのような中で、二〇一九（令和元）年から続く新型コロナウイルス感染症は、地域活動にも大きな影響を及ぼし、事業の延期や中止を余儀なくされたが、地域の活動を継続するため、時期や規模を見直したり、屋外での事業に変更したりするなど、工夫して取り組んでいる。

また、多様化する住民ニーズへの対応や地域課題の解決に向けた取組には、財源が必要になることから、二〇二一（令和三）年四月には、「ふるさと納税制度」を活用して、寄附者が応援したい地域を指定する仕組みを導入している。

今後も、地域のまちづくりを持続可能なものとするため、多様な主体の参画が得られるよう、地域との協働を推進していきたいと考えている。

※本編は、新型コロナウイルス感染症の感染が拡大する前に執筆したものである。

目次／宮崎市地域自治区住民主体のまちづくり

1　宮崎市における地域コミュニティ

それぞれの地域においては、日々の生活を豊かに送るために、隣近所や年代の近い人同士、同じ活動をする人同士が繋がり、様々な地域の共同体（コミュニティ）を形成することで、お互いに助け合いながら課題を解決するとともに、共通の目的を達成するための取組を行っている。

本市の地域コミュニティは、地域ごとに多少の違いはあるものの、自治会や自治公民館、子ども会、老人クラブなどの地域活動団体が活動の中心となっている。魅力あるまちづくりを進めていくには、これらの団体の活動を活性化していくことが必要不可欠であるため、様々な取組を支援している。特に、地域コミュニティの中心といえる自治会に対しては、運営費の補助をはじめ、防犯灯の設置や維持管理に係る補助など、必要な財政支援を行っている。

しかしながら、少子高齢化や核家族化、都市化の進展などにより、社会構造が変化し、地域の連帯感が希薄化するなど、地縁団体等においては、加入者の減少や活動の担い手の固定化、高齢化などの問題が顕著になっている。

本市の自治会を例に挙げると、二〇〇五(平成一七)年に六七・八%だった加入率は、二〇一八(平成三〇)年には五五・二%にまで低下し、一二・六%減少している。

加入率低下の問題は、自治会だけではなく、子ども会や老人クラブなど他の地域活動団体も同様に抱えており、団体によっては、活動を継続することが困難となり、解散したり、他の団体と統合したりするところも出てきている。今後も加入率が低下するようであれば、限られた人員の中で、一部の人の負担が更に増えることとなり、これまでのように単一の団体による取組だけでは、様々な地域課題への対応が困難になると考えられる。

他方で、特定非営利活動法人(以下「NPO」という。)などによるテーマ型の市民活動が活発になっている。本市では、一九九八(平成一〇)年に「宮崎市ボランティア活動支援基本方針」を策定し、九州一のボランティア都市を目標に掲げ、ボランティアなどの市民活動を積極的に支援してきている。二〇〇四(平成一六)年三月には「宮崎市市民活動推進基本方針」に改訂し、市民と行政による協働のまちづくりを進め、それぞれの専門性を生かし、まちづくりの分野でも活発に活動が行われるようになり、地域コミュニティにおける市民活動団体の存在意義も高まってきている。

こうしたことから、これからの地域のまちづくりにおいては、地域活動団体だけではなく、ボランティアやNPOなどとも連携しながら、自律性の高い地域コミュニティを形成していくことが求められている。

本市は、二〇〇六(平成一八)年の周辺の三町との合併を機に、市域の拡大による地域力の低下を抑止するとともに、住民主体のまちづくりを推進するため、地域自治区及び合併特例区を設置している。各地域自治区

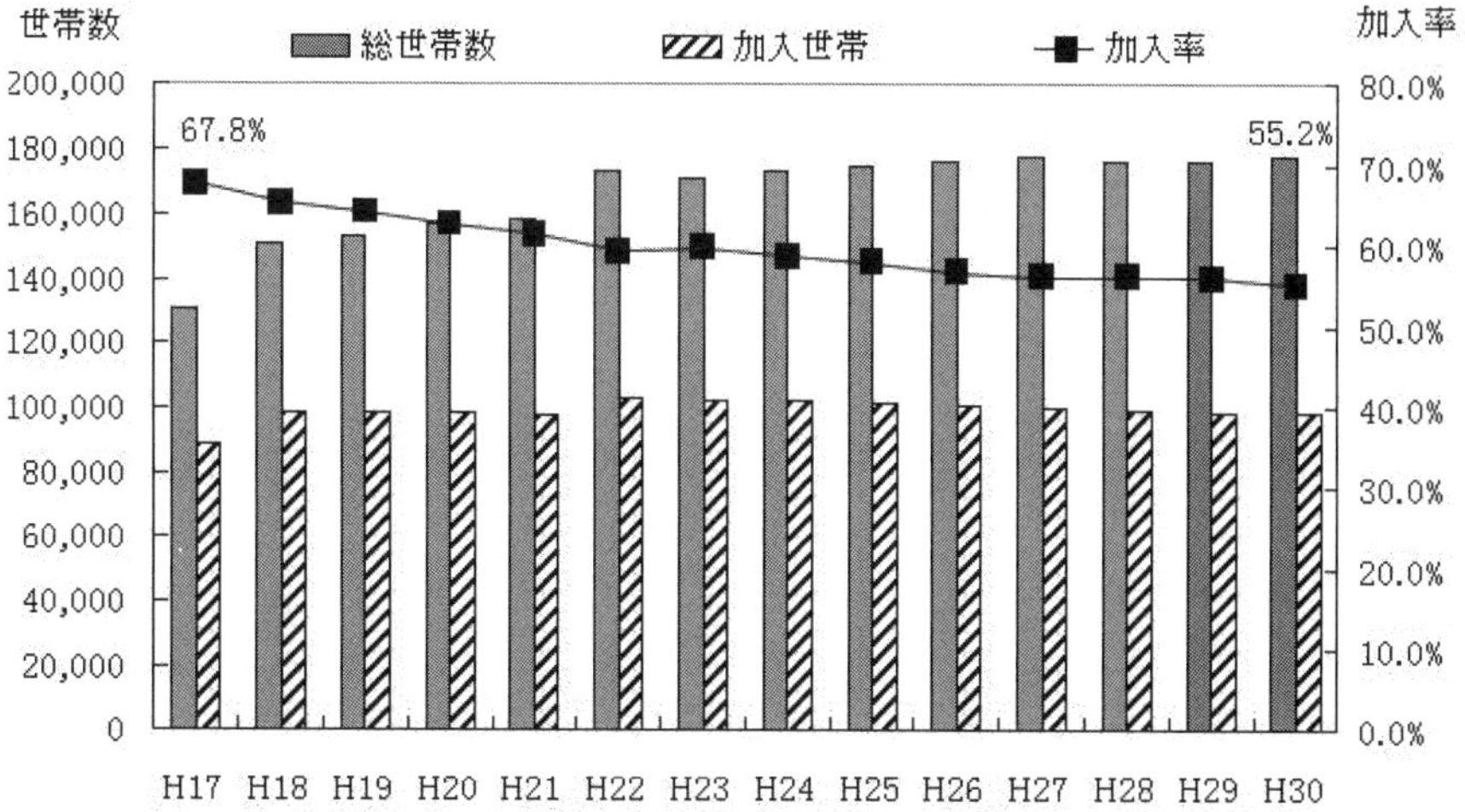

図1　宮崎市自治会加入率の推移

出典：宮崎市地域振興部地域コミュニティ課

や合併特例区では、地域協議会や合併特例区協議会を中心に、地域活動団体や市民活動団体などが緩やかなネットワークを形成し、連携して活動することにより、多様化する地域課題の解決に向けた取組が推進されていた。

なお、合併前の旧市町ごとの地域コミュニティは、その形態や組織が異なっており、自治会等の住民組織を例に挙げれば、旧宮崎市では自治会制度と自治公民館制度、旧佐土原町と旧清武町では区制度、旧高岡町と旧田野町では自治公民館制度のもと、まちづくりが行われていた。これらの組織は、地域への広報紙等の配布による行政情報伝達や地域の要望等の窓口として、行政とのパイプ役となっており、旧四町では、区長又は自治公民館長が行政連絡員等に委嘱されるなど、行政にとって重要な役割を担っていた。

合併後も、これらの住民組織は、重要な役割を担っていたため、形態や組織を重視しながら、それぞれに経過措置を設け、旧宮崎市の制度に統一している。

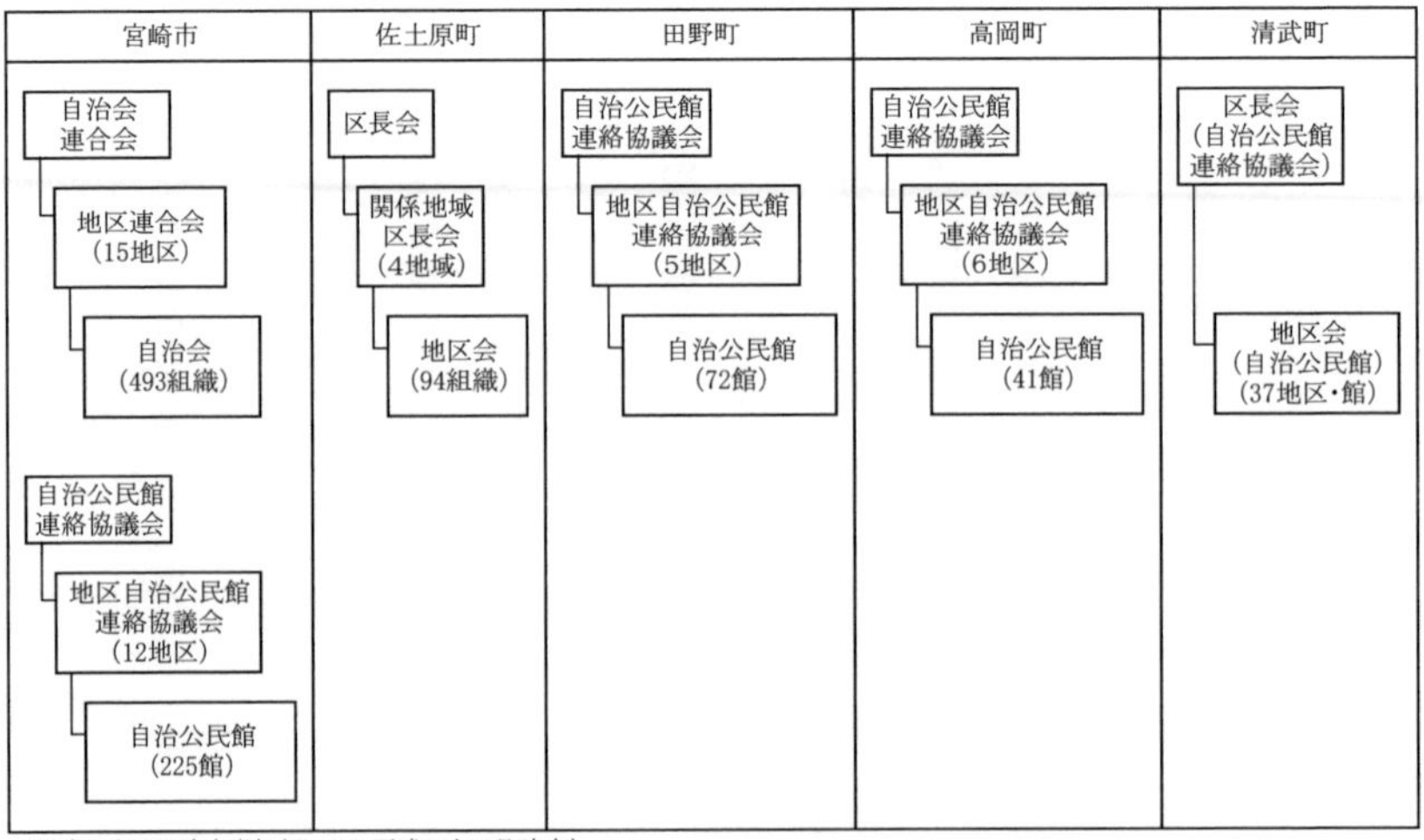

平成15年4月時点（清武町のみ平成20年4月時点）

図２　合併前の自治会等の組織

出典：宮崎市地域振興部地域コミュニティ課

2 地域自治区制度の導入

1 地域自治区設置の経緯

地域自治区は、地方自治法の規定に基づき、地域の住民の意見を行政に反映させるとともに、住民と行政の協働、連携の強化を図り、住民自治の強化、充実のため設置されるものであり、地域の各種団体の代表者等で構成する地域協議会と市の職員を配置する地域自治区事務所で構成されている。

旧宮崎市においては、いわゆる昭和の大合併により編入した旧六町村に支所を設置していたが、中核市に移行した一九九八(平成一〇)年には、最後の生目村《いきめそん》の合併から三五年が経過しており、住宅団地の開発、交通網の整備、情報化の進展等によって、生活環境や地域の状況が大きく変化していた。また、支所のない本庁管内では、支所のある地区に比べ、地域のコミュニティ機能や行政の支援体制が不十分であるとの声が聞かれていた。

このような中、同年四月、六支所による「支所の在り方等検討委員会」を発足し、支所が抱える課題の解決と今後のあるべき方向を探るための検討を行っており、地域と行政とを繋ぐネットワーク機能の重要性や地域活性化の観点から、一貫したシステムとして市全域をカバーするために、本庁管内にも支所を設置すべきであると提言している。さらに、二〇〇〇（平成一二）年七月には、全庁的な検討を行うため、「支所の見直し構想策定委員会」を設置し、それまでに検討してきた支所のあり方に加え、地域コミュニティの活性化やまちづくり支援にも重点を置き、組織内の分権や住民自治を推進するための仕組みを模索していた。

そのような中、二〇〇三（平成一五）年一一月の第二七次地方制度調査会答申において、地域自治組織に関する考え方が示され、翌年、この答申に基づき、地域自治区制度の創設等を規定する地方自治法の改正が行われた。本市では、二〇〇三（平成一五）年一二月に新たに設置した「地域自治組織及び支所のあり方検討委員会」において、それまで支所の見直し等で検討してきた内容が、地域自治区制度の趣旨と合致していることを確認するとともに、二〇〇六（平成一八）年の合併に向け、市町村の合併の特例に関する法律（平成一六年法律第五九号。以下「合併特例法」という。）における地域自治組織の検討を行った。そして、市内全域に地域自治組織を配置するという同委員会の方針に基づき、地域自治区の設置に向けた具体的な検討を行うこととした。

二〇〇四（平成一六）年九月には、地域自治区の設置に向け、区割りや地域協議会、事務所などの基本的な事項について調整、協議を行うため、市民団体の代表者や学識経験者等一五名からなる「宮崎市地域自治区設置検討委員会」を設置するとともに、各種団体や地域への説明会、地区別の検討会を実施した。これらの検討やパブリックコメント等での意見を踏まえ、宮崎市地域自治区基本計画を策定し、地域自治組織の一般制度である地方自治法の地域自治区制度を導入することとした。そして、二〇〇五（平成一七）年九月に「宮崎市地域自治区の設置等に関する条例（平成一七年条例第六二号。以下「地域自治区設置条例」という。）」を制定し、翌年一月一日

7　2　地域自治区制度の導入

表1　地域自治区設置までの検討の経過

支所の見直し検討	
平成 10 年 4 月	「支所の在り方等検討委員会」発足
平成 11 年 8 月	「支所のあり方検討会」設置
平成 12 年 7 月	「宮崎市支所の見直し構想策定委員会」設置
平成 14 年 12 月	支所の見直し構想案の提示
地域自治区設置への転換	
平成 15 年 11 月	第 27 次地方制度調査会「今後の地方自治制度のあり方に関する答申」
平成 15 年 12 月	「地域自治組織及び支所のあり方検討委員会」設置 合併特例区と地域自治組織(区)、支所のあり方合同検討
平成 16 年 4 月～5 月	支所の見直しから地域自治区設置へ向けた検討、方向性の確認
平成 16 年 5 月	地方自治法の一部を改正する法律の公布（平成 16 年 11 月 10 日施行）
平成 16 年 9 月	「宮崎市地域自治区設置検討委員会」設置
平成 16 年 12 月 ～平成 17 年 2 月	地域自治区地区検討会（生目地区、檍地区、小松台地区、中央地区、大淀地区、大宮地区、大塚台・生目台地区、大塚地区、赤江地区）
平成 17 年 4 月	宮崎市地域自治区設置検討委員会からの答申
平成 17 年 5 月～6 月	パブリックコメント「地域自治区の設置に関する基本計画及び条例の制定について」
平成 17 年 7 月	「宮崎市地域自治区設置基本計画」策定
平成 17 年 9 月	「宮崎市地域自治区の設置等に関する条例」制定（平成 18 年 1 月 1 日施行）
平成 17 年 11 月～12 月	地域協議会委員推薦委員会
平成 18 年 1 月	旧宮崎市に 15 の地域自治区を設置（3 町に合併特例区の設置） 地域自治区事務所の開設（支所は廃止） ・地域事務所（中央（中央東、中央西、小戸）、大宮、大淀、大塚、檍、大塚台・生目台） ・地域センター（赤江、木花、青島、住吉、生目（小松台）、北） 第 1 回地域協議会（地域協議会委員委嘱）

出典：宮崎市地域振興部地域コミュニティ課

から施行した。

2　地域自治区の区割り

地方自治法第二〇二条の四第一項では、条例で区域を分けて定め、その区域ごとに地域自治区を設けることができるとされている。本市では、地域自治区制度の導入にあたり、前述の宮崎市地域自治区設置検討委員会において、全市的な視点から区割りの検討を行うとともに、各地区では、地域自治区地区検討会を開催し、地域の実情に応じた個別の検討が行われていた。

本市では、区割りの検討にあたり、歴史的背景を踏まえた昭和の合併前の旧町村域や自治会の地区連合会の区域などの地域のまとまりを重視する案、公立公民館の施設や地区社会福祉協議会と同様に中学校区など行政単位を重視する案など、複数の案を示しており、同委員会において、これらの案に修正を加えるとともに、地区検討会での意見を参考に検討した結果、

①地域のまとまりとしては昭和の合併前の町村域を基本とする
②行政の効率性を考慮する
③支所の管轄区域は一部を除き、原則、そのままとする
④町・丁・大字を単位とする

という四項目を重視することとなった。

そして、自治会の地区連合会の区域や中学校区を基本としながら、地域自治区設置条例において地域自治

区の区割りを定め、一五の地域自治区を設置した。しかしながら、自治会等の活動区域と地域自治区の区割りが一致しない地域もあったことから、経過措置期間を設けながら、地域や市民への説明会やパブリックコメントにおける様々な意見を踏まえ、地域自治区設置後も必要に応じて区割りの検討を行うこととした。

なお、地域自治区制度の導入と同時に合併した佐土原町、田野町、高岡町には、合併特例法第二三条に規定する地域自治区ではなく、同法第二六条に基づく期間の定めのある合併特例区をそれぞれ設置した。

その後、三つの地域自治区がそれぞれ二つに分割されたほか、三つの合併特例区は設置期間終了後に地域自治区へ移行し、さらに、二〇一〇(平成二二)年三月に新たに合併した清武町も合併特例区を経て地域自治区に移行したことから、二〇一八(平成三〇)年四月時点で二二の地域自治区となっている。

平成31年4月現在

区域			面積	順位	人口	順位
旧宮崎市本庁管内	1	中央東	4.1 km²	16	26,353 人	5
	2	中央西	3.6 km²	18	20,039 人	11
	3	小戸	2.0 km²	19	10,853 人	17
	4	大宮	12.3 km²	12	23,984 人	6
	5	東大宮	5.8 km²	15	17,865 人	12
	6	大淀	11.9 km²	14	22,895 人	7
	7	大塚	3.9 km²	17	21,092 人	10
	8	檍	17.1 km²	10	39,957 人	1
	9	大塚台	1.1 km²	21	6,642 人	21
	10	生目台	1.7 km²	20	7,607 人	18
	11	小松台	0.8 km²	22	6,930 人	19
旧宮崎市支所管内	12	赤江	13.6 km²	11	35,560 人	2
	13	本郷	12.1 km²	13	21,411 人	9
	14	木花	65.5 km²	3	11,997 人	13
	15	青島	41.8 km²	6	3,690 人	22
	16	住吉	26.8 km²	9	22,007 人	8
	17	生目	34.5 km²	7	12,016 人	14
	18	北	27.3 km²	8	6,720 人	20
旧町域	19	佐土原	56.8 km²	4	34,488 人	3
	20	田野	108.3 km²	2	11,115 人	16
	21	高岡	144.6 km²	1	11,291 人	15
	22	清武	47.8 km²	5	28,726 人	4

区割

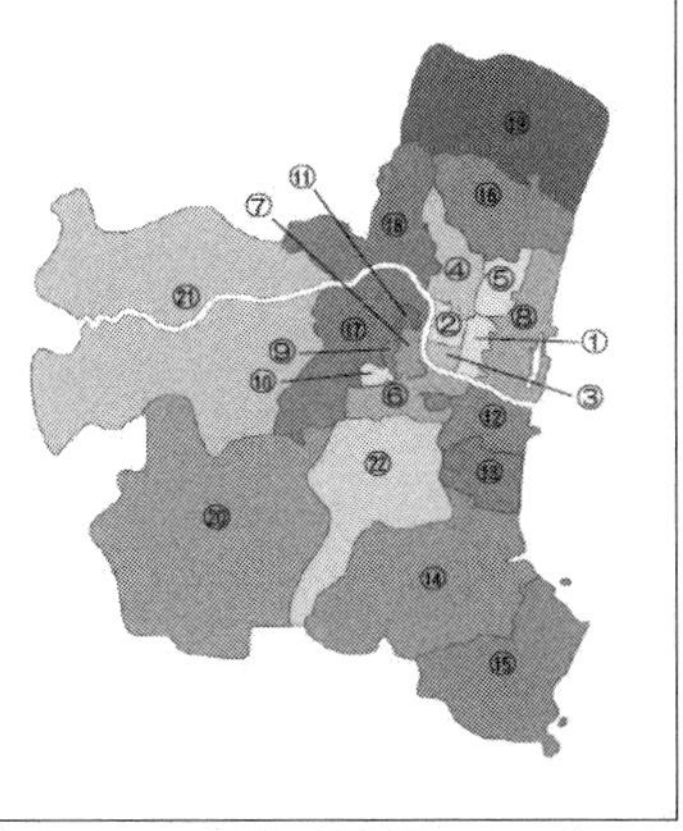

※人口は平成31年度の地域コミュニティ活動交付金配分確定人口〔平成31年1月1日現在の住民基本台帳人口±調整人口〕

図３　地域自治区の区割り

出典：宮崎市地域振興部地域コミュニティ課

これまでに行われた三つの地域自治区の分割の経緯として、まず、二〇〇九（平成二一）年六月に、大宮《おおみや》地域自治区が大宮地域自治区と東大宮地域自治区に分割しているが、「地域自治区内に二つある中学校区ごとに公立公民館があることや、地縁団体がそれぞれ活動していることなどから、地域自治区設置の目的やその機能を十分に果たすためには、中学校区ごとに地域自治区を設置することが望ましい」との意見書が地域協議会から市長へ提出されたことによるものである。これを受け、本市では、市民団体の代表者や学識経験者等一五名以内の委員で構成される「宮崎市地域自治区検討委員会（以下「地域自治区検討委員会」という。）」を設置し、全市的な視点から検討が行われた結果、見直しが妥当であるとの見解が示されている。そして、地域協議会や地域自治区検討委員会の意見を参考に区割りの見直しを行い、二つの地域自治区に分割している。

また、翌年六月には、大塚台《おおつかだい》・生目台《いきめだい》地域自治区を大塚台地域自治区と生目台地域自治区に分割している。大塚台団地と生目台団地は、団地の造成時期が一〇年違っており、住民の高齢化の状況、道路などのインフラの整備状況が異なるだけでなく、学校区がそれぞれ設けられ、地縁団体も別々に組織されていたため、「両団地の異なる課題等を一つの地域自治区で対応していくことは非効率であり、地域の特性を生かしたまちづくりを積極的に推進するためには、それぞれに地域自治区を設置すべき」との意見書が地域協議会から市長へ提出されたことによるものである。これを受け、前述と同様の手続きを経て、区割りの見直しを決定し、二つの地域自治区に分割している。なお、両地域自治区の区割りに関しては、地域自治区設置の検討時からそれぞれに地域自治区を設置した方がよいのではないかとの意見も寄せられていたところである。

その後、地域自治区の分割の動きはなかったが、二〇一六（平成二八）年四月に赤江地域自治区を赤江地域自治区と本郷地域自治区に分割している。分割前の赤江地域自治区は、人口約五六、〇〇〇人、世帯数約

二六、〇〇〇世帯、自治会数一〇二、小学校五校、中学校三校という規模で、従来からの住宅地や商工業地域からなる赤江《あかえ》地域と、本郷《ほんごう》中学校区を区域とする比較的新しい住宅地や農業地域からなる本郷地域で形成されていた。

このような背景から、この地域では、「これからの赤江のまちづくりのあり方」が議論されるようになり、地域協議会において地域自治区の分割が協議されることとなった。これらの議論と並行して、二〇一四(平成二六)年四月には、赤江地区自治会連合会が赤江地域と本郷地域に分かれ、それぞれに活動をスタートさせていた。地域協議会では、一年以上に及ぶ議論を経て、二〇一五(平成二七)年二月に「赤江地域自治区の分割に関する意見書」を市長へ提出しているが、「地域自治区の区域が広すぎて、地域の繋がりや一体感を培うには無理が生じてきており、まちづくりの姿を共有しようとしても、地域づくりへの参画や合意形成が難しいことなどを理由に、赤江地域自治区を赤江地域と本郷地域に分割してほしい」というものであった。

地域協議会からの意見書の提出を受け、同年、地域自治区検討委員会において、赤江地域自治区の現状や地域住民への行政サービスなど多方面にわたる検討を行い、「地域自治区の区割りとしては大き過ぎるため、より効果的・効率的な住民主体のまちづくりを進めるためには、分割することは適正である」との見解をまとめ、市長へ報告した。

そこで、本市では、地域自治区検討委員会等の意見を踏まえ、地域自治区を分割することが適当と判断し、議会の議決を経て、赤江地域自治区の区域のうち、本郷中学校区の区域を本郷地域自治区とした。

なお、地域自治区検討委員会からは、

①地域活動の単位として区域が大きいと判断される場合には、地域まちづくり推進委員会(以下「まちづくり推

進委員会」という。第3章1(2)参照）の分割で対応した方がいい場合もあるが、まちづくり推進委員会の活動範囲が地域自治区の区域と一致しないことを理由に、地域自治区が細分化されることには違和感がある。

②地域自治区の区域は、地域協議会における広域的な意見形成機能などの権限、機能が十分に果たせる規模であることが重要であり、その区域が小さくなりすぎることには懸念もあることから、地域の意向を尊重しながらも、中学校区など一定の区域を基本としながら、慎重に判断していくべきであるなどの意見も報告されている。

ここには、地域自治区の区割りを変更するための手順を示しているが、

①宮崎市地域自治区地域協議会に関する要綱に基づき、地域協議会において総委員の三分の二以上の議決

②地域協議会から市への意見書の提出

③地域自治区検討委員会での検討、市長への報告書の提出

④報告書を参考に市の方針を決定

⑤地域自治区設置条例の改正案を市議会に提出

⑥市議会での可決

という手続きを経て新たな区割りを定めることとなる。

なお、各合併特例区が地域自治区に移行する際には、宮崎市地域自治区移行検討委員会を設置し、その中で区割りについての検討が行われている。

表２　地域自治区の変遷

年月	地域自治区等の動き	地域自治区名	地域自治区数
平成18年１月	地域自治区の設置及び１市３町の合併		15（3）
	旧市本庁管内･･･９地域自治区	中央東、中央西、小戸、大宮、大淀、大塚、檍、大塚台・生目台、小松台	
	旧市支所管内･･･６地域自治区	赤江、木花、青島、住吉、生目、北	
	旧３町域･･････３合併特例区	（佐土原、田野、高岡）	
平成21年６月	大宮地域自治区の分割	大宮 ⇒ 大宮、東大宮	16（3）
平成22年３月	清武町の合併	（清武）	16（4）
平成22年６月	大塚台・生目台地域自治区の分割	大塚台・生目台 ⇒ 大塚台、生目台	17（4）
平成23年１月	合併特例区の地域自治区への移行	佐土原、田野、高岡	20（1）
平成27年３月	合併特例区の地域自治区への移行	清武	21
平成28年４月	赤江地域自治区の分割	赤江 ⇒ 赤江、本郷	22

※（　）は合併特例区の名称及び数

出典：宮崎市地域振興部地域コミュニティ課

3　地域協議会の役割

地方自治法第二〇二条の五の規定に基づき、各地域自治区には地域協議会を設置している。地域協議会は、地域住民の意見を市政に反映させるため、地域課題などの解決に向けて協議する組織であり、地域自治区の要である。

地域協議会の役割は、地方自治法第二〇二条の七に地域協議会の権限として規定されている。また、同条第二項には、地域協議会の意見を聴かなければならない市町村の施策に関する重要事項について、条例で定めることとされており、本市では、地域自治区設置条例において、市の総合計画などに関する事項や地域自治区の区域の住民生活に密接に関連する公の施設の設置及び廃止に関する事項などを定めている。このほか、地域協議会は、住民主体のまちづくりを推進する役割も担っている。

具体的な役割としては、①地域の連携の強化、②施策の提言、③諮問の協議、④地域自治区事務所の事務に関する提言、⑤住民主体のまちづくりの推進に分類され、①～④は地方自治法に定められたものであるが、⑤は、本市独自の役割である。

⑤の役割としては、住民主体のまちづくりを推進するために、地域自治区ごとにまちづくりの方向性を定める地域魅力発信プラン（以下「魅力発信プラン」という。第4章3参照）の策定のほか、まちづくり推進委員会が行う地域コミュニティ活動交付金（以下「コミュニティ交付金」という。第3章2参照）を活用したまちづくり事業の協議や承認などを行うこととなっている。

このように、地域協議会は、地域住民の主体的な参加により、協働による地域のまちづくりの中心的役割を担うとともに、地域住民の意見を行政に反映させる機能を持っている。

次に、地域協議会の委員の定数は、地域自治区設置条例において、人口が五万人未満の地域自治区は二〇名以内、五万人以上の地域自治区は二五名以内、

表３　地域協議会の役割

事項	主な内容
地域の連携の強化	○地域の情報交換や各種団体等との連絡、調整を図り、地域での課題に取り組む自主的な協働活動を推進する。
施策の提言	○次の内容に関する提言を行う。 ・特色ある地域づくりに必要な施策 ・地域で生じている課題の解決に必要な施策 ・地域で実施されている市の施策に対する改善や廃止等 ・市と地域住民との連携
諮問の協議	○条例で定める重要な市の施策の決定や変更で、地域に関係するものについて、市長の諮問を受け協議し意見を述べる。
地域自治区事務所の事務に関する提言	○地域自治区事務所が行う事務について、改善等の必要な施策の提言を行う。
住民主体のまちづくりの推進	○地域まちづくりの方向性を定め、地域の課題解決の実践組織「地域まちづくり推進委員会」が行う事業について協議し、意見を述べる。

出典：宮崎市地域振興部地域コミュニティ課

また任期は二年と規定されている。二〇一五（平成二七）年度までは、唯一、赤江地域自治区が人口五万人以上であったが、本郷地域自治区との分割により、二〇一八（平成三〇）年四月現在、全ての地域自治区が五万人未満となっている。

委員は、地方自治法の規定により、当該地域自治区に住所を有する者の中から市長が選任するとともに、選任にあたっては、多様な意見が適切に反映されるよう配慮することが定められている。本市では、公正な選任を行うことを目的に、地域自治区ごとに「地域協議会委員推薦委員会（以下「推薦委員会」という。）」を設置している。推薦委員会は一〇名以内で構成され、その委員は地域性を考慮し、地域内の各種団体等の中から、市長が委嘱している。推薦委員会では、地域の状況を踏まえ、地域協議会委員の定数及び委員を選出する団体を決定するとともに、団体から選出された者、公募に対して応募のあった者の審査を行い、市長へ推薦する役割を担っている。団体には、地域内で活動する自治会、子ども会、老人クラブ、社会福祉協議会、農商工関係団体などがあり、団体からの選出とは別に公募の枠を設けている。各推薦委員会において決定された二〇一八（平成三〇）年度の地域協議会の委員定数は、市全体で四一〇名であり、最も少ない地域協議会では一〇名となっている。構成団体等の割合は、公募が一六・一％と最も高く、次いで自治会の一二・二％、ＰＴＡの一〇・二％、民生委員児童委員の七・六％となっている。なお、公募委員の定数は、宮崎市地域自治区地域協議会に関する要綱において、各地域自治区五名以内と定めており、この範囲内において、それぞれの推薦委員会で決定している。

二〇一八（平成三〇）年四月一日現在における地域協議会委員の総数は三九二名であるが、そのうち女性委員は一一九名で、約三割に留まっている。また、年齢構成は、七〇代が三二・一％と最も高く、六〇代の三〇・八%、五〇代の一五・三%が続いている。委員には、市民活動団体で活動している人もおり、子育てや防災などの専門的な視点を生かした議論も行われている。

地域協議会には、委員の互選により会長及び副会長を一名ずつ置き、会長が会議を招集し、議長を務めることとなっている。会議は、原則公開で行われ、誰でも傍聴が可能である。また、その内容は、地域住民に広く周知する必要があることから、広報紙の発行や会議録の閲覧など積極的な情報の開示に努めている。さらに、地域と密接に関係する市議会議員や小中学校の校長などがオブザーバーとして会議に出席しており、地域内における連携を図っている。

地域協議会の会議は、年四回の定例会(原則、五月、八月、一一月、二月)に加え、必要に応じて臨時会を開催しているが、二〇一八(平成三〇)年度は、最も多い地域では七回開催されている。会議の議題は、コミュニティ交付金に係る交付申請や実績報告の承認のほか、市の施策への提言に関する協議や市政に関する報告、説明が主

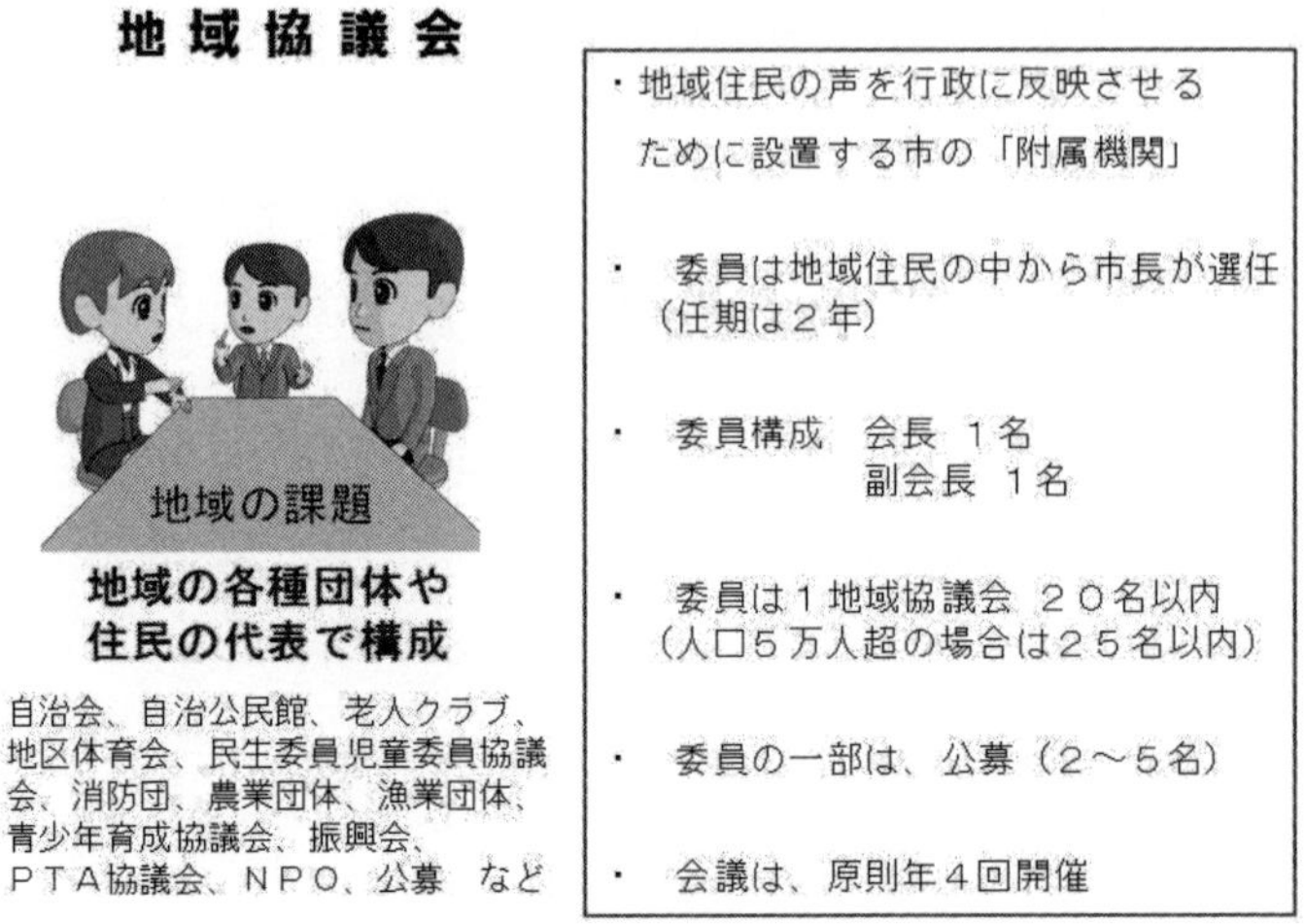
地域協議会
地域の課題
地域の各種団体や
住民の代表で構成
自治会、自治公民館、老人クラブ、地区体育会、民生委員児童委員協議会、消防団、農業団体、漁業団体、青少年育成協議会、振興会、ＰＴＡ協議会、ＮＰＯ、公募　など
・地域住民の声を行政に反映させるために設置する市の「附属機関」
・委員は地域住民の中から市長が選任（任期は２年）
・委員構成　会長　１名
副会長　１名
・委員は１地域協議会　２０名以内（人口５万人超の場合は２５名以内）
・委員の一部は、公募（２～５名）
・会議は、原則年４回開催

図４　地域協議会の概要

出典：宮崎市地域振興部地域コミュニティ課

なものである。

なお、二〇一八(平成三〇)年度からは、宮崎市地域自治区地域協議会専門委員会の設置に関する要綱を制定し、地域協議会には、特定の課題解決に向け、一部の委員で構成する専門委員会を設置できるようにしている。

4　地域自治区事務所の役割

地方自治法第二〇二条の四第二項の規定に基づき、各地域自治区には、地域自治区事務所を設置している。なお、地域自治区事務所の位置、名称及び所管区域は、同項の規定により条例で定めることとされており、地域自治区設置条例でこれらを規定している。また、地域自治区事務所の長は、同条第三項の規定により、当該普通地方公共団体の長の補助機関である職員をもって充てることとされている。

本市における地域自治区事務所は、その形態から地域事務所、地域センター、総合支所の三つに分類することができる。地域事務所は、旧宮崎市の本庁管内に、市の既存施設を活用するなど、新たに整備している。なお、地域センターは、地方自治法第一五五条の規定に基づく旧宮崎市の支所を活用し、総合支所は、平成に合併した旧町の役場を活用している。

地域自治区事務所が行う業務については、地域自治区事務分掌検討会(平成一七年一月から二月開催)において、当時の支所が担っていた業務を参考に検討を行っている。その結果、①地域自治区設置条例第一二条に規定する地域協議会の庶務、②地域の課題等についての相談や地域の各種団体との連絡調整を行う地域振興業務、③行政サービスとしての窓口業務を担うこととしている。この地域自治区事務所の三つの業務は、現在も大き

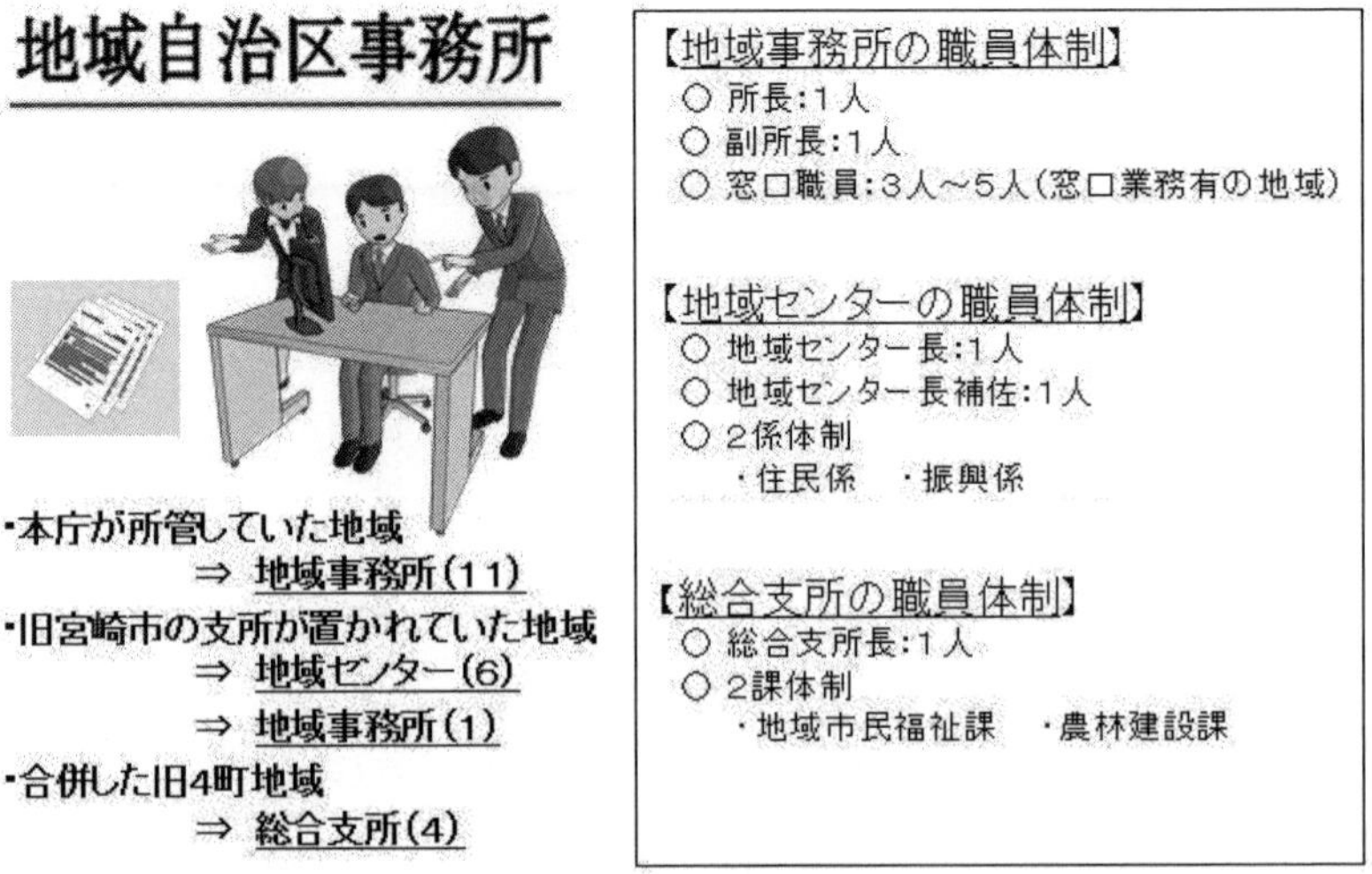
地域自治区事務所
・本庁が所管していた地域
⇒ 地域事務所(11)
・旧宮崎市の支所が置かれていた地域
⇒ 地域センター(6)
⇒ 地域事務所(1)
・合併した旧4町地域
⇒ 総合支所(4)
【地域事務所の職員体制】
○ 所長:1人
○ 副所長:1人
○ 窓口職員:3人〜5人(窓口業務有の地域)
【地域センターの職員体制】
○ 地域センター長:1人
○ 地域センター長補佐:1人
○ 2係体制
・住民係　・振興係
【総合支所の職員体制】
○ 総合支所長:1人
○ 2課体制
・地域市民福祉課　・農林建設課

図５　地域自治区事務所の体制

出典：宮崎市地域振興部地域コミュニティ課

くは変わっていないが、地域自治区の分割等で新たに地域自治区事務所が設置される中で、窓口業務については、既存の事務所との距離や効率性などを考慮し、取り扱っていない地域自治区事務所もある。

　地域自治区事務所は、それぞれ所掌する事務の範囲が異なっている。地域事務所は、旧宮崎市の本庁管内であることから、その業務の範囲は狭い。地域センターは、地域事務所に比べ、農林水産や建築土木、商工業に関する業務を行うとともに、窓口業務もより多くの分野を取り扱っている。また、総合支所は、地域協議会等の直接的な担当となる地域市民福祉課のほかに、農林建設課を配置している。総合支所は、地域センターよりも多くの業務を担っており、二〇一五(平成二七)年度からは総合支所で一定の事務が完結できるよう、予算管理権が付与されている。

表4　地域自治区事務所の業務

業　務	内　　　容
地域協議会の庶務	○地域協議会を円滑に運営するための業務 ・地域協議会の会議開催に関すること ・地域課題の整理に関すること ・地域協議会での協議事項に関すること ・地域協議会の会議録に関すること ・意見書、提言書、答申に関すること ・その他の庶務及び運営に関して必要な事項
地域振興業務	○地域の各種団体との連絡調整及び地域課題の相談や要望の調整 ・地域まちづくり推進委員会の活動の側面的支援 ・自治会の各申請に係る受付業務 ・地区振興会、地区社会福祉協議会、青少年育成連絡協議会、老人クラブ等の相談及び各団体間の連絡調整に関すること ○福祉及び防犯・防災等に関すること
窓口業務 （中央西、小戸、大宮、生目台、小松台、本郷の各地域事務所は窓口業務なし）	○各種証明書の発行 ・住民票の写しの交付、住民票の記載事項の証明書 ・戸籍及び除籍謄本抄本の交付、戸籍の附票の写しの交付、戸籍届書記載事項証明、戸籍受理証明 ・身分証明書の交付 ・印鑑登録証明 ・公的年金受給者の現況届証明 ・市税に関する諸証明（一部取り扱いのない証明あり）

出典：宮崎市地域振興部地域コミュニティ課

このように、地域自治区事務所によって、業務、予算や事務の決裁権限（専決事項）に差異があることから、地域住民に提供できるサービスも異なっている。

地域振興業務については、地域活動を支援する役割も含まれており、地域自治区内の住民や団体の連携強化、地域の様々な課題を解決するために実施される事業の連絡調整などを行っている。これらの支援を十分に果たすことができるよう、本市では、地域自治区制度導入にあたり、地域で活動する各種団体を結びつけ、地域活動をより活性化させるためにコーディネートを行う地域コーディネーター（市の嘱託職員）を配置している。地域コーディネーターの業務は、地域協議会の運営に関すること、まちづくり推進委員会に関すること、地域の地縁団体等の情報交換や連絡調整に関することなど、地域コミュニティ活性化の促進に関するものとなっている。

さらに、二〇一五（平成二七）年度から、地域協議会事務局としてマンパワーが少ない地域の強化を図り、より迅速かつ円滑な行政との連携や各種団体間の関係を構築することで、地域課題の解決に向けた取組がスムーズに展開されるよう、一部の地域自治区事務所においては、長年の行政経験で培ったノウハウを生かすことのできる地域調整担当職員（再任用職員）の配置を進めてきている。

3 地域コミュニティ活動交付金制度

1 地域コミュニティ税と地域コミュニティ活動交付金の創設

(1)地域魅力アップ事業

地域自治区の設置により、地域の課題は地域で解決するという、住民主体のまちづくりを推進する体制は整えられたが、実際に課題の解決に向けて取り組むには、資金が必要であることから、市では、そのための経費を補助する地域魅力アップ事業を二〇〇六(平成一八)年度から三年間実施している。本事業は、地域協議会が地域の魅力アップに貢献するとして採択した取組に対し、補助金を交付するもので、地域自治区内の二つ以上の地域活動団体や市民活動団体で構成する実行委員会等を補助対象団体としていた。

このため、地域協議会では、地域の課題解決に向けた検討を行い、その実践のために実行部会を設置して課題解決に取り組んだ。二〇〇六(平成一八)年度の交付額は、地域自治区ごとに上限三〇〇万円としていたが、翌年度には、上限額を引き上げ、地域自治区の人口に応じて補助金額を算定する人口割を採用している。

地域魅力アップ事業の実施を通して、地域からは「各種団体の連携が図れた」「地域の課題が共有できた」「今まで単一の団体ではできなかった活動ができるようになった」などの意見が聞かれている。一方で、地域協議会は、市の附属機関であり、財源確保の問題があるとともに、取組を実践する上では適当な組織でないことが課題として見えてきた。

そこで、二〇〇七（平成一九）年には、地域協議会と連携、協力しながら地域づくりを幅広く実践する地域のまちづくり団体（後のまちづくり推進委員会）の設立に加え、新たな財源による活動資金（後のコミュニティ交付金）を活用しながら、地域自治区を軸とした地域まちづくりを推進し、自律性の高い地域コミュニティを形成する新たな仕組みの検討を行っている。

なお、二〇〇八（平成二〇）年には、地域魅力アップ事業の補助対象団体にまちづくり推進委員会が追加され、まちづくり推進委員会の活動がスタートしている。

(2)地域まちづくり推進委員会の設立

まちづくり推進委員会は、地域協議会が地域の課題解決に向け、必要と認めるまちづくり事業を実践するために、コミュニティ交付金の交付を受けることので

表５　魅力アップ事業の実績

実施年度	事業数	補助金額
平成 18 年度	29 事業	4, 187 千円
平成 19 年度	58 事業	6, 672 千円
平成 20 年度	63 事業	6, 640 千円

出典：宮崎市地域振興部地域コミュニティ課

きる唯一の組織である。まちづくり推進委員会は、各地域自治区（合併特例区を含む）において、まちづくりを行うために、住民自らの意思に基づき組織され、宮崎市地域コミュニティ活動交付金に関する規則（平成二一年規則第一六号。以下「コミュニティ交付金規則」という。）に基づき、地域協議会の承認を受け、市長に届け出を行った団体であり、二〇〇八（平成二〇）年度中に、各地域自治区で設立されている。その後、先に述べた地域自治区の分割に伴い、大宮地域まちづくり推進委員会、大塚台・生目台地域まちづくり推進委員会がそれぞれ分離し、また赤江地域まちづくり推進委員会が、地域自治区が分割する一年前に先行して分離している。さらに、地域自治区に複数設立されている地域もあり、現在二七団体となっている（まちづくり推進委員会、地区振興会、地域づくり協議会、まちづくり協議会と称する団体もある）。なお、大塚台・生目台地域まちづくり推進委員会では、大塚台と生目台で地域の課題が異なっていたことから、地域に密着した活動が行えるよう、分離前にはそれぞれに下部組織（支部）を設けて事業を実施するなど、運営を工夫されていた。

まちづくり推進委員会の役割の一つは、地域協議会の意見を聴きながら、地域住民の意見や要望を反映させ、地域課題の解決に向けた地域の魅力を高める事業を実施し、地域の活性化を図ることである。また、もう一つは、住民の地域への関心を高め、自主的に地域課題の解決に向けて取り組む人材の育成や、地域資源の有効活用を図るとともに、地域内外の団体等との連携、協力を図る体制を構築することである。つまり、まちづくり推進委員会には、地域協議会や地域住民と連携しながら、地域の課題解決に向け、住民主体のまちづくりを実践することが求められている。

まちづくり推進委員会には、それぞれの規約に基づき、会長、副会長や監事などの役員と事務局が置かれ、総会、役員会、部会等が運営されている。事務局は、事業実施や交付申請に係る事務、会計処理などの業務を行い、事務局職員は、まちづくり推進委員会が雇用し、雇用条件や勤務形態などもまちづくり推進委員会で決定している。また、地域の実情を踏まえ、防犯防災部会、環境部会、福祉部会、文化体育部会など三から七つの部会が設置され、部会ごとに活動を行っている。中には、部会を横断し、特別部会や実行委員会などのプロジェクトチームが設けられ、事業を実施している例もあるなど、各まちづくり推進委員会において様々な工夫が見られる。

まちづくり推進委員会には誰でも参加することができ、現在二七団体で約二、二〇〇人のメンバーが活動に参画している。その構成は、地域住民や自治会、ＰＴＡなどの地域の各種団体、市民活動団体に所属する方など様々で、年齢層も二〇代から八〇代までと幅広く、その活動はボランティア（無償）で行われている。

この他、まちづくり推進委員会における相互の連携を図ることを目的に、全てのまちづくり推進委員会の会長で組織する地域まちづくり推進委員会連絡会が二〇一三（平成二五）年七月に発足しているが、年三回程度の会議を開催し、

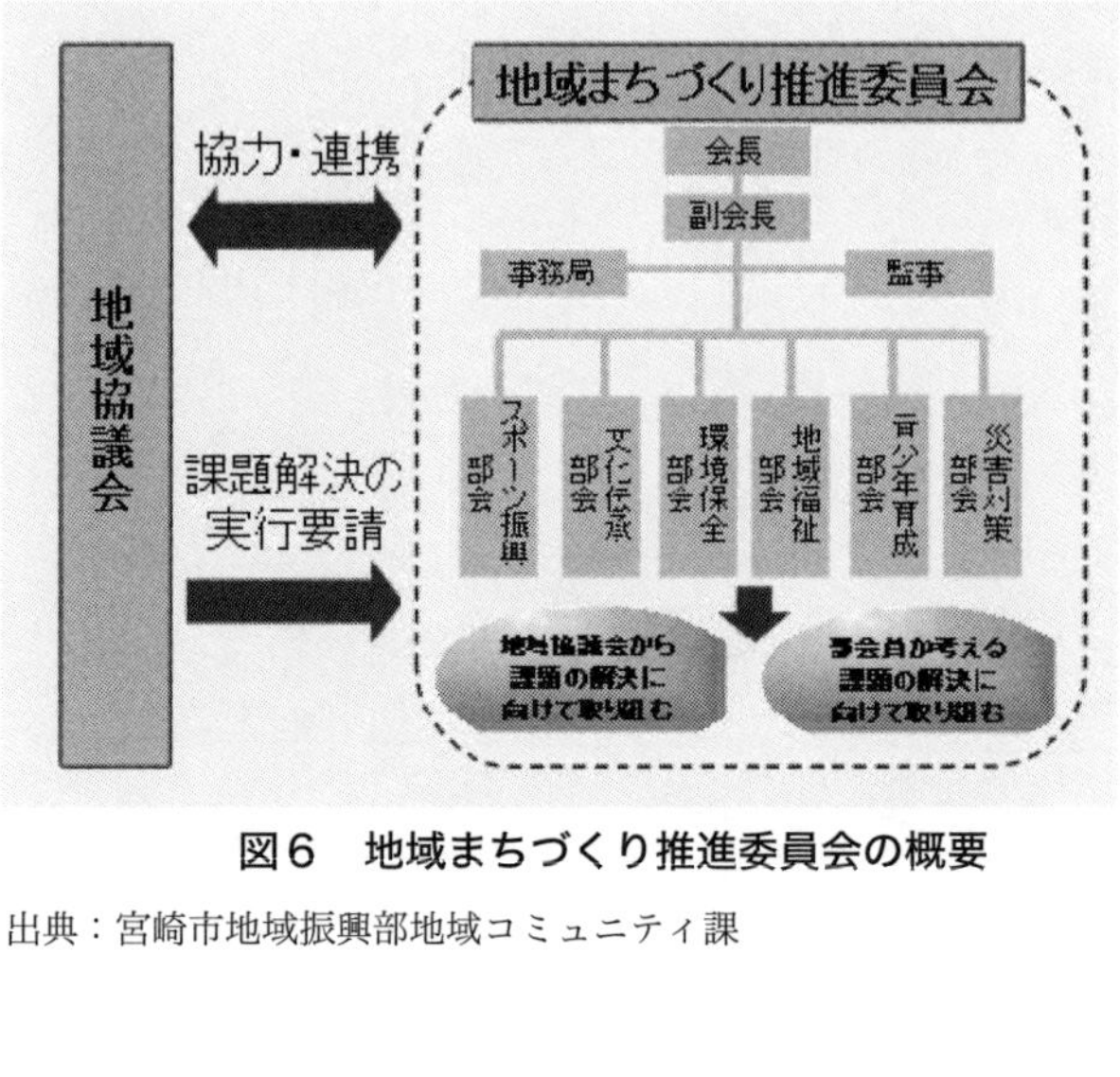

図６　地域まちづくり推進委員会の概要

出典：宮崎市地域振興部地域コミュニティ課

意見交換等を行っている。

(3)地域コミュニティ税

地域には、自治会や社会福祉協議会等の様々な団体があり、これらの団体が行う活動の中には、防犯灯の維持管理といった地域の安全安心な環境づくりや地域福祉の推進など、全ての市民を対象とした極めて公共性の高い活動も含まれている。本市では、地域コミュニティにおける活動の重要性を踏まえ、これらの活動を恒久的に推進していくために、必要な経費の負担を広く市民に求め、その活動を支援する仕組みについて庁内で研究を行ってきた。

そして、住民主体のまちづくりを一層推進することを目的に、経費の負担を広く市民に求める「(仮称)地域コミュニティ税」の創設に向けた検討を進めることとした。二〇〇七(平成一九)年三月には、市民の立場から論議を深めるとともに、より専門的で広範な視点から審議するため、地域活動の各種団体の代表者や有識者など一七名で構成する「(仮称)地域コミュニティ税検討委員会」を設置し、本市の地域コミュニティの全体像や地域自治の社会的コストの負担のあり方、仕組みなどの検討を行った。同委員会は、市が行った(仮称)地域コミュニティ税に関する地域への説明や市政モニターアンケート、パブリックコメント等での意見を踏まえ、同年一〇月に税の使途の明確化、使途の評価、市民への周知を前提に、(仮称)地域コミュニティ税の導入については、必要性が認められる旨の報告書を市長へ提出した。これを受け、市では(仮称)地域コミュニティ税の導入に向けた準備を進めることとした。

同委員会からの報告において、意見のあった税の使途の明確化に関しては、二〇〇七(平成一九)年一一月に地域協議会の代表や学識経験者、NPOなど一五名で構成する「地域コミュニティ税使途研究会」を設置し、税を財源として活用できる事業や支出の対象となる科目などの使途のルールについて検討を行っている。税収は、その全額を交付金として地域へ交付することとし、従来の補助金制度とは異なり、対象を一つの事業に限定することなく、「地域の自前の安定した財源」として、住みよい地域づくりのため、地域の裁量で自由、かつ有効に活用できるようにした。

また、使途の評価に関しては、税理士や学識経験者、NPOなど八名で構成する「地域コミュニティ税評価委員会」を同年一二月に設置し、地域コミュニティ税の使途の評価の方法や透明性の確保について検討を行っている。

課税の方式については、地域コミュニティ活動の恩恵が市民全体に及ぶことから、受益者である市民に等しく負担してもらうことが望ましいという考えに基づき、個人市民税均等割超過課税方式が適当であるとの結論に至っている。また、税収相当額は新たに設置する基金に積み立て、経理を区分することで、税の透明性を確保することとした。

地域コミュニティ税に関しては、これまで地域活動に関心のなかった住民にも地域活動の重要性を認識してもらうことや、地域のことは地域で解決するという、住民主体のまちづくりの意識の醸成が図られることなども期待された。

二〇〇八(平成二〇)年四月の導入を目指していた地域コミュニティ税は、同年三月、定例市議会に関連条例案を提出したが、市民の理解が十分に得られていない面もあり、更なる周知と使途の明確化、透明性の確保を図る必要があるとして、導入時期を二〇〇九(平成二一)年四月とする議員発議の条例の修正案が提出され、

表6　地域コミュニティ税の概要

名　　称	地域コミュニティ税
目　　的	地域自治区、合併特例区における住民主体のまちづくりの推進
税　　額	年額一人当たり 500 円
課税方式	市民税均等割超過課税方式
納税対象者	個人で市民税の均等割が課税されている人 ※市民約 37 万人のうち約 16 万人が対象（清武町合併前の人口）
税収規模	約 8,000 万円
税の使途	地域の防犯・防災、地域福祉、環境、地域再生などの地域の課題解決のための活動
税の交付	全額を地域自治区・合併特例区ごとに設立された地域まちづくり推進委員会へ交付
施 行 日	平成 21 年 4 月 1 日

出典：宮崎市地域振興部地域コミュニティ課

本会議において可決された。また、導入から四年経過した後に社会情勢等を勘案し、必要な検討を行い、所要の措置を講じることとされたが、地域コミュニティ活動に必要な予算（コミュニティ交付金）は、一般財源で確保すべきという新市長の方針により、同税は二〇一〇（平成二二）年度をもって廃止され、翌年度以降は、一般財源で同規模の予算を確保している。

⑷モデル地区交付金事業

地域コミュニティ税の導入に先立ち、二〇〇八（平成二〇）年度には、周知の一環として、地域コミュニティ活動交付金モデル地区交付金事業を実施している。本事業では、新しい交付金制度のもとで、地域課題の解決に向けた取組を行い、その進捗や成果について、広く市民に情報を提供することにより、地域コミュニティ税が地域でどう生かされるか、具体的なイメージを提供するとともに、実際の交付金の使途や実施内容について検証を行うこととした。また、モデル地区は、先進地区として他の地区からの相談に応じ、アドバイスを行う役割も担っていた。

モデル地区には、応募のあった地区から檍《あおき》、大塚台・生目台、

表7　モデル地区交付金事業の概要

地域自治区	実　施　事　業	
檍	・檍地域防災訓練事業 ・子育て支援事業 ・伝統芸能の発掘保存事業 ・自治会掲示板設置事業	・一ツ葉入り江を市民の里浜にする事業 ・江田川・新別府川・前田川をきれいにする事業 ・檍地域スポーツ・レクレーション大会事業 ・子どもたちとの意見交流事業
大塚台・生目台	・ふれあいルーム運営事業 ・新里山創造事業	・遊ぶ・学ぶ・食べる・生きる食育事業 ・地域まちづくり推進委員会運営事業
青島	・地域防災活動推進事業 ・地域スポーツ推進事業	・児童等の健全育成事業 ・まちづくり推進委員会運営事業

出典：宮崎市地域振興部地域コミュニティ課

青島《あおしま》の三つの地域自治区を選定し、それぞれ上限一三〇万円の交付金を活用しており、防災や環境分野など多岐にわたる事業が実施された。

同年一二月には、三地区による事例発表を実施し、地域コミュニティ税評価委員会で実施事業の評価が行われている。

2　地域コミュニティ活動交付金

二〇〇九(平成二一年)四月から、地域コミュニティ税を財源としたコミュニティ交付金の取組がスタートした。

コミュニティ交付金の仕組みについて、地域コミュニティ税使途研究会及び地域コミュニティ税評価委員会で検討したことは、前述のとおりである。

二〇一八(平成三〇)年度のコミュニティ交付金の全体予算額は約八、六〇〇万円で、約一七〇万円から七一〇万円を各地域自治区に配分している。各地域自治区の配分額は、コミュニティ交付金規則に基づき、均等割と人口割により算定している。

均等割は、各地域自治区に均等に配分され、全体予算額の三割について、地域自治区の総数(二〇一八(平成三〇)年四月一日現在二二地域自治区)で除して得た額であり、一地域自治区あたり約一二〇万円となっている。一方、人口割は、各地域自治区の人口に応じて配分され、予算額の七割について、市全体に占める当該地域自治区の人口(一月一日現在)の割合を乗じて得た額であり、約五〇万円から五九〇万円となっている。これらの均等割と人口割の額の合計が配分額であり、この額を上限として交付することとしている。

コミュニティ交付金は、まちづくり推進委員会に交付するものであるが、一つの地域自治区に複数のまちづくり推進委員会が設立されている場合は、当該地域自治区の地域協議会が各まちづくり推進委員会への配分額を決定している。

なお、各地域自治区の人口については、地域自治区設置条例で定める区域と実際の地域まちづくり活動の区域(自治会など)が異なるケースもあることから、条例の規定に基づき、地域のまちづくり活動の区域(自治会など)に係る人口を関係する地域自治区間で調整している。平成三一年度は、一六地域自治区で約三、四〇〇人減から三、〇〇〇人増の人口調整を行い、調整後の人口を配分額算定

表８　地域コミュニティ活動交付金の概要

特　　徴	地域の判断により自由かつ有効に使用することができる「地域の安定した財源」
使　　途	地域自治区で取り組む地域の課題解決のための活動費 （地域の住民が自ら使途を決める）
交付団体	地域まちづくり推進委員会・・・まちづくりを行うために、地域自治区の区域内で住民自らが組織した団体（まちづくりの実践組織であり、名称が「地区振興会」「地域づくり協議会」「まちづくり協議会」等の地域がある）
配分方法	予算額の3割を交付団体に均等に配分（均等割） 残る7割を人口に応じて配分（人口割）

出典：宮崎市地域振興部地域コミュニティ課

表9　平成 31 年度地域コミュニティ活動交付金配分額

（単位：人、千円）

地域自治区	確定人口	配分額	地域自治区	確定人口	配分額
中央東	26,353	5,123	赤江	35,560	6,502
中央西	20,039	4,177	本郷	21,411	4,383
小戸	10,853	2,801	木花	11,997	2,973
大宮	23,984	4,768	青島	3,690	1,728
東大宮	17,865	3,852	住吉	22,007	4,472
大淀	22,895	4,605	生目	12,016	2,975
大塚	21,092	4,335	北	6,720	2,182
檍	39,957	7,161	佐土原	34,488	6,342
大塚台	6,642	2,170	田野	11,115	2,841
生目台	7,607	2,315	高岡	11,291	2,867
小松台	6,930	2,214	清武	28,726	5,479
			合計	403,238	86,265

出典：宮崎市地域振興部地域コミュニティ課

の際の確定人口としている。

コミュニティ交付金を活用して事業を実施するにあたっては、まず、地域協議会において、地域課題の抽出と解決策の検討が行われる。これを受け、まちづくり推進委員会が、地域課題を解決するための事業を構築し、地域協議会に事業計画の承認を受けることとなっている。まちづくり推進委員会は、事業計画に対する地域協議会の意見書を添えて市に交付申請を行い、交付決定を受けることによって、事業を実施することができるが、市が交付決定を行う際には、地域協議会の意見を参考にしている。なお、配分額の範囲内であれば、変更交付承認申請により、交付金の追加申請を行うことも可能であり、事業計画の変更がある場合には、一定の手続きが必要となる。また、事業実施後は、実績報告書を提出することとなっており、この場合にも地域協議会の承認を受けなければならない。

交付申請に関しては、配分額の範囲内で事業実施に必要な額を申請することとなっているが、未申請の配分残額は、管理金として次年度のコミュニティ交付金の財源の一部に

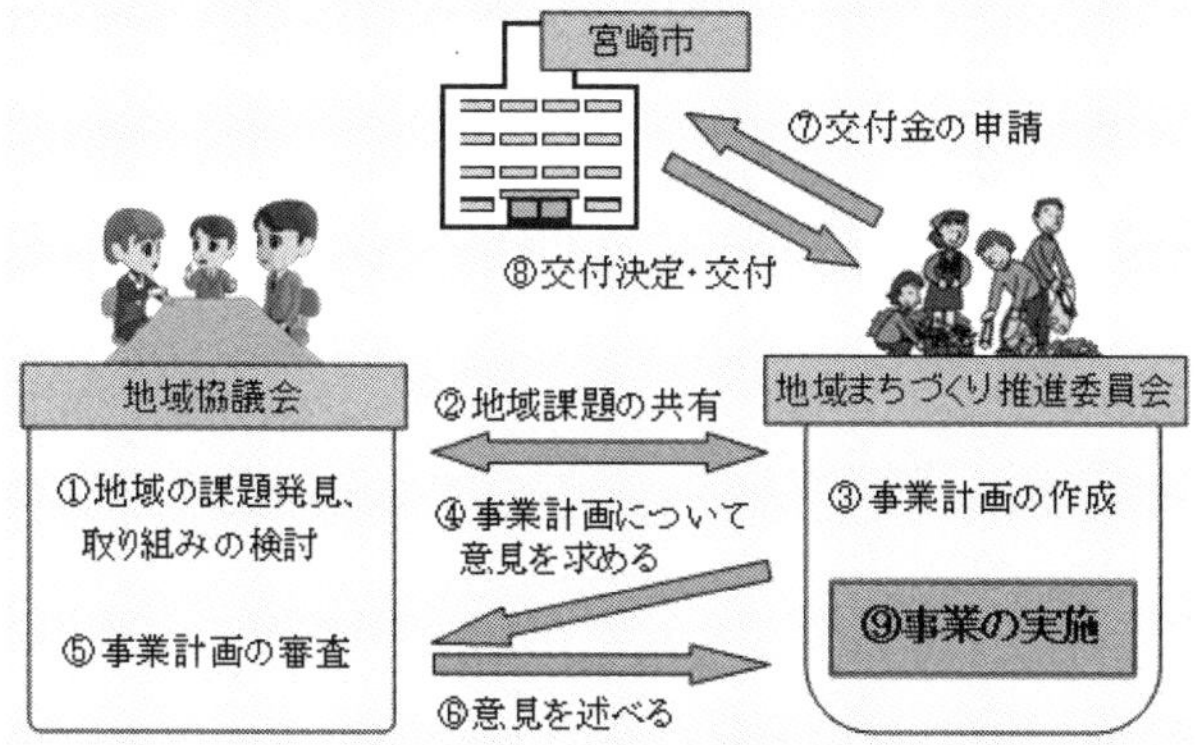

図７　地域コミュニティ活動交付金の事業実施までの流れ

出典：宮崎市地域振興部地域コミュニティ課

充てられ、地域コミュニティ税の導入時に設置された地域コミュニティ活動基金において管理している。なお、コミュニティ交付金は、一般財源から配分額を基金に積み立てた上で、必要額を基金から取り崩して、まちづくり推進委員会へ交付している。

3　地域コミュニティ活動交付金の使途のルール

地域住民自らが、地域の解決に向けて取り組んでいくことが住民自治のあるべき姿であり、コミュニティ交付金が効率的、かつ効果的に活用されることが望まれる。また、まちづくり推進委員会がコミュニティ交付金を活用するにあたっては、市民の理解や支持を得るとともに、多くの地域住民や地縁団体との連携により、事業を実施することが求められている。

このため、コミュニティ交付金の使途については、地域が主体的に有効な使い方を決定し、透明性が確保できるよう、二〇〇八（平成二〇）年度にルールや手順などを整理した地域コミュニティ活動交付金運用マニュアル（以下「運用マニュアル」という。）を作成している。運用マニュアルは、随時見直しを行い、現在、二〇一九（平成三一）年四月改訂の第九版に至っている。

使途のルールの作成においては、公金としてのコミュニティ交付金を適正に管理、執行するための原則を示すとともに、透明性を確保しながら、地域が自由に使えるよう、市全体に共通する必要最低限のルールとすることを基本的な考え方としている。

まず、事業の構築においては、「地域協議会との連携」「地縁団体との連携」「市民の参画」に留意することとし、営利を目的とする事業や宗教、政治を目的とする事業は、コミュニティ交付金の対象事業から除外している。事業の実施においては、受益者負担を積極的に検討することや物品などの購入に際し、見積り合わせや入札を行うなど、公平、かつ透明な運用に努めるほか、購入した備品等は、管理台帳を作成し、適切に管理することとしている。また、中長期的な計画に基づく事業実施にも柔軟に対応できるよう、コミュニティ交付金の一部を特定の目的のために積み立てることや、経費節減等による執行残額を次年度に繰り越すことを認めている。

○地域コミュニティ活動交付金の対象

- 地域まちづくり推進委員会が実施する事業
- 地域コミュニティの活性化や再生に資する事業

①対象とならない事業
- 営利を目的とするもの
- 宗教の教義を広めるもの
- 政治上の主義を推進、支持するもの
- 政党や公職の候補者を支持するもの

②対象とならない経費
- 交際費、役員報酬
- 懇親を目的とする飲食費
- 継続的な雇用に係る経費 等

③事業を計画するときは
- 地域住民から意見を聞く機会を設けること
- 広く市民が参加する事業の構築に努めること

図８　使途のルール

出典：宮崎市地域振興部地域コミュニティ課

なお、使途のルールは、事業の実施状況や地域コミュニティ活動交付金評価委員会（第3章4参照）での検討を踏まえ、適宜、見直しを行うこととしている。

4　地域コミュニティ活動交付金評価委員会による評価

コミュニティ交付金を活用した事業については、コミュニティ交付金の使途の透明性の確保と住民自治の向上に資することを目的として、地域コミュニティ税使途研究会及び地域コミュニティ税評価委員会において、毎年度、検討や評価が行われてきたが、地域コミュニティ税が廃止されたことに伴い、二〇一一（平成二三）年七月に両組織を統合し、「地域コミュニティ活動交付金評価委員会」（以下「交付金評価委員会」という。）を設置している。交付金評価委員会は、学識経験者や市民活動団体の代表等で構成されており、毎年度、各地域における取組についてヒアリングや実地調査等を行いながら、実施された事業を評価し、評価報告書としてまとめ、地域にフィードバックしている。

評価の目的は、大きく三つに分けることができる。一つ目は、コミュニティ交付金が使途のルールに沿って、活用されているかを評価し、コミュニティ交付金の適正な執行を確保することである。また、二つ目は、自律性の高い地域コミュニティの形成を目指し、地域の取組を評価することにより、住民主体のまちづくりの機運を醸成させることである。三つ目は、地域の意見を聴き、使途のルールの不具合などを指摘し、地域が主体的、かつ有効的に使途を決定できるよう、運用マニュアルの見直しの必要性を示すことである。

評価は、適正な執行が行われているかなどの「監査機能としての評価」と、地域の活性化に寄与するかなど

表10　地域コミュニティ活動交付金評価委員会の概要

設置目的	地域コミュニティ活動交付金の使途の透明性の確保
検討事項	①　コミュニティ交付金を活用した事業の評価に関する事項を調査、審議し、報告書を作成すること。 ②　コミュニティ交付金の使途に関する事項を調査、審議すること。 ③　地域活動に関する意見交換、情報収集、情報提供を行うこと。 ④　その他、コミュニティ交付金に関すること。
組　　織	市民や学識経験者などの委員で構成
事 務 局	地域コミュニティ課

出典：宮崎市地域振興部地域コミュニティ課

表11　評価の概要

	監査機能としての評価	まちづくりの取組の評価
目　　　的	交付金が適正に執行されているかをチェックし、場合によっては使途のルールの見直しの必要性を示す。	地域の活性化につながる事業かどうか評価を行うことで、市全体でより良いまちづくりに取り組む機運を醸成させる。
評 価 方 法	事前に提出された資料（事業実施報告書、収支決算書等）による評価	書類審査、実地調査、ヒアリング等による評価
評 価 の 視 点	①　使途のルールを遵守しているか。 ②　使途のルールの趣旨から逸脱する事業はないか。 ③　予算の執行が適正に行われているか。	①　住民が主体となったまちづくりを行っているか。 ②　効果的・効率的な取組みをしているか。 ③　事業の成果が得られているか。
評価結果のフィードバック	①　使途のルールの見直し ②　評価結果の概略を各地域へ報告 ③　個別事業への指摘	①　アドバイスとして評価結果を回答 ②　評価や課題等を整理し報告

出典：宮崎市地域振興部地域コミュニティ課

の「まちづくりの取組の評価」の二つの観点から行っており、二〇一五(平成二七)年度からは、魅力発信プランの実現についても評価項目としている。

委員会は、年五回程度開催し、事業の評価以外に、使途のルール等に関して、地域から意見のあった事項についても審議している。市では、交付金評価委員会の意見を踏まえ、必要な見直しを行い、コミュニティ交付金の使途のルールを改善している。

4 地域自治区を軸とした住民主体のまちづくりの展開

1 地域協議会の審議事項と特徴

地域協議会は、地域住民を構成員とし、地域住民の声を行政に反映させるための審議機関である。審議機関は、一般的に都市計画や社会福祉などの特定の分野を審議するのに対し、地域協議会は、対象とする分野を限定することなく、地域住民が自らの地域に関すること全般を審議する地域限定型（エリア型）の総合的な審議機関である。

本市において、地域協議会で審議される事項は、①市長その他の市の機関からの諮問に関する事項、②地域協議会委員等からの提案に関する事項、③コミュニティ交付金に関する事項の三つに分けられる。

①については、特に地域協議会の意見を聴かなければならない重要事項を地域自治区設置条例で規定しており、その一つが、市の総合計画、市の施策に関する基本計画、その他これらに準ずる計画に関する事項である。

計画案の策定にあたり、都市計画審議会や社会福祉審議会などの専門的な審議会等への諮問が予定されている計画又は人事、財政等の内部的な計画を除き、地域の意見を反映させる必要のある計画がこれに該当する。もう一つが、公の施設の設置及び廃止に関する事項である。公の施設とは、地方自治法第二四四条第一項に規定される住民の福祉の増進を図る目的をもって住民の利用に供するために設置される公園、図書館、体育館等の施設を指している。これらの施設は、各地域自治区の住民生活に密接なかかわりを持つことから、その設置や廃止に関して住民の意見を反映させる必要がある。これらの地域協議会の意見を聴かなければならない事項については、意見の反映が可能となる適切な時期に、関係する地域自治区の地域協議会に諮問することとなっている。

地域自治区を設置して以降、二〇一七(平成二九)年度までの一二年間に、市長から地域協議会への諮問案件は、災害危険区域の指定、体育館や公園の廃止など七件となっている。このうち、条例で定められた公の施設の設置及び廃止に関する案件が四件と大半を占めているが、条例で定められていない案件は、諮問という形式をとらず、地域協議会への報告、説明としている事例も多い。

次に、②については、市の施策に関することのほか、他の地域団体等との連携や協働などのまちづくりに関する意見交換や審議が行われている。なお、委員からの提案は、会議開催前に委員に照会し、地域協議会で審議した後に、市長へ提言している地域もある。

地域協議会からの提言については、二〇一八(平成三〇)年度までの一三年間で八八件の意見書が市長へ提出されている。その内容は、道路や河川、公立公民館などの公共施設の整備に関することが最も多く、続いて、地域自治区の分割に関すること、コミュニティ交付金に関すること、地域自治区事務所に関することなどである。これらの提言のうち、予算等を伴わずに対応が可能なものは速やかに対応しているが、大規模な予算措置を要するものなど、容易に改善や実現ができないものも少なくない。

最後に、③については、地域コミュニティ活動交付金規則に基づくコミュニティ交付金事業の承認等である。地域協議会による承認は、まちづくり推進委員会がコミュニティ交付金の交付申請及び実績報告を行う際に必要となっており、地域協議会の会議において、まちづくり推進委員会からの事業計画や事業実績の説明を受け、その内容を協議している。

地域協議会において、以上の三つの事項について審議しているが、このうち、コミュニティ交付金に関する審議の割合が高くなっている。

2　地域まちづくり推進委員会の取組状況

まちづくり推進委員会は、地域の課題解決のために、コミュニティ交付金を活用して、それぞれの地域のニーズに合った様々な活動を展開している。近年の特徴としては、大震災の教訓や南海トラフ地震に備え、どの地域でも防犯・防災に関する事業を積極的に実施し、防災意識の向上が図られている。また、高齢化が進行する中で、地域福祉や健康づくりに関する事業などにも取り組まれている。

まちづくり推進委員会においては、効率的、かつ効果的に事業を実施するため、自治会をはじめ、専門知識や技術を持つ大学、ＮＰＯ、地区社会福祉協議会など各種団体との連携も図られている。特に、地域の小中学校などの教育機関との連携は、子どもの頃からまちづくり活動に関心を持ってもらうことで、将来のまちづくりを担う人材の育成に繋がることが期待されている。また、地域内での連携だけでなく、同じ課題を共有する他の地域と合同で事業を実施するなど、まちづくり推進委員会が相互に連携する例も見られる。

二〇一八（平成三〇）年度は、コミュニティ交付金の導入から一〇年目を迎え、二七の地域まちづくり推進委員会において四二八事業が実施されている。取組が始まった二〇〇九（平成二一）年度に二五五事業であった事業数は、三年間で約一五〇事業も増加したが、二〇一三（平成二五）年度以降は、ほぼ横ばいとなっている。

その背景には、関係者の固定化や新たな担い手が育っていないことなどの要因もあると推察されるが、住民ニーズに応えられるよう、新たな事業を展開することに重きをおいていたこれまでの取組から、数年の経験を経て、事業内容の充実に転換してきたものと考えている。また、限られた予算の中で、新たな事業を考える際、これまで実施してきた事業の必要性を精査し、事業を組み直したり、あるいは統合したり、場合によっては、廃止したりすることも行われている。

また、事業を実施したことにより、地域課題の解決がどこまで進んでいるか、計画（Plan）、実行（Do）、評価（Check）、改善（Action）のサイクルで、事業を定期的に評価し、改善していくことも必要である。まちづくり推進委員会では、事業への参加者に対して、アンケートを実施するなど、より地域のニーズにあった事業となるよう改善に取り組んでいる。

以下に各地域の取組をいくつか紹介する。なお、詳細やその他の取組については、宮崎市ホームページ（ホーム＞くらし・手続き＞地域活動＞地域自治区・まちづくり＞地域コミュニティ活動交付金）を参照していただきたい。

表 12　地域コミュニティ活動交付金の活用実績

（単位：件、千円）

年度	H21	H22	H23	H24	H25	H26	H27	H28	H29	H30
事業数	265	324	380	416	416	426	442	428	434	428
交付額	70,016	80,082	79,815	85,700	82,483	82,395	81,946	86,089	83,696	81,162

事業の例（平成 30 年度）

○防犯・防災の分野（83 件、19.4%）
　地域防犯対策
　地域合同防災訓練
○地域福祉の分野（62 件、14.5%）
　高齢者生きがいづくり
　子育てネットワークづくり
○環境の分野（48 件、11.2%）
　環境美化運動
　里山保全
○地域再生の分野（40 件、9.3%）
　地域の賑わいづくり
　IT を活用した情報発信

○健康づくりの分野（37 件、8.7%）
　健康づくりに関する講座
　スポーツ事業
○伝統文化の分野（30 件、7.0%）
　伝統文化伝承事業
　地域の歴史講演会
○地域教育の分野（47 件、11.0%）
　生涯学習に関する事業
　子どもの各種体験事業
○その他の分野（81 件、18.9%）
　地域のリーダー育成事業
　広報事業

出典：宮崎市地域振興部地域コミュニティ課

事例①　大塚地域まちづくり推進委員会「水流《つる》川《がわ》クリーンアップ事業」

大塚地域は、水辺の風景が地域の誇りの一つであり、その中でも、水流川の流域は散策できるよう整備され、地域住民の憩いの場となっている。大塚地域まちづくり推進委員会では、地域の環境に対する意識向上を図るとともに、地域の環境をより良くすることを目的に、行政とも連携しながら、水流川の水質調査や水生生物調査、清掃、環境問題の話し合いなど様々な事業を展開している。川遊びや魚のつかみどりなどのイベントや小学校における環境学習など、子どもを対象とした楽しい行事も企画し、「貴重な体験ができた」「清掃を通じてゴミの多さに気づいた」などの感想も寄せられ、住民の意識の向上に繋がっている。

このような地域課題の解決に向けた取組が評価され、二〇一五(平成二七)年度に「宮崎県地域

図９　魚のつかみどりの様子

出典：大塚地域まちづくり推進委員会

づくり顕彰奨励賞」を受賞している。このことは、部会員のモチベーションの向上に繋がり、草刈りボランティア組織の立ち上げを計画するなど更なる課題解決を目指している。さらに、翌年度には「日本河川協会功労賞」や「国土交通行政功労者表彰」も受賞している。

事例②　小松台《こまつだい》地域まちづくり委員会　『ふれあい in 小松台』共催事業

「ふれあい in 小松台」は、毎年、地域内の小学校の日曜参観日に併せて開催されている学校行事であり、地域の住民や団体などが講師となって様々な講座を開設する午前の部と、ＰＴＡが中心となって開催するバザーや学習発表会を行う午後の部で構成されている。小松台地域まちづくり委員会は、小学校との共催で事業を実施し、午前の部においては、地域から講座の講師及び手伝いを行うボランティアを募集したうえで、講座の運営を担当している。

小松台地域では、まちづくりの基本目標に地域の絆

図 10　講座の様子

出典：小松台地域まちづくり委員会

づくりを掲げ、住民が地域に貢献できる場の創出や地域の子どもを地域で育てるための取組を行っている。本事業では、子どもが地域住民と交流する機会を提供しており、子どもだけでなく事業に携わる地域住民も毎年楽しみにしている。

地域の大人が講師となり、子どもたちを指導することで、講師はやりがいを感じるとともに、普段は小学校とのかかわりの少ない地域住民が地域の拠点である小学校に足を運び、積極的にかかわりを持つことで、地域の絆が強くなり、登下校時の声かけに繋がるなどの効果も見られている。

事例③　赤江地域まちづくり推進委員会「小戸之橋《おどのはし》ストリートフェスティバル」

地域にある小戸之橋が、架替え工事のため通行止となり、橋につながる通りの交通量が減少し、沿線の店舗等の活気がなくなっていることから、小戸之橋や地域の記録、歴史などを後世に残すとともに、地域の活

図 11　パネル展の様子

出典：赤江地域まちづくり推進委員会

性化を目的に実施している事業である。

本事業では、地域住民、学校、自治会、商店など多くの地域団体と連携しながら、小戸之橋にまつわるパネル展や講演会、地元商店のポスター制作発表、地域の農家によるやさいトラック市など様々な企画に取り組んでいる。

部会の枠を越えて取り組むことで、非常に活気あふれる事業となっており、来場者も多く、近隣店舗から「お客さんが増えた」との声が寄せられるなど、地域住民の満足度も高いことから、新たに架けられる橋が開通するまで継続して実施される予定である。

事例④　生目地区振興会「地域防災事業」

生目地域は、河川氾濫等による災害危険区域や急傾斜地等の災害危険箇所に指定されているところが多く、過去に台風による大きな浸水被害を経験したことから、地域全体で訓練に取り組むこと

図 12　図上訓練の様子

出典：生目地区振興会

で防災・減災意識を高め、安心安全なまちづくりを推進することを目的に事業を実施している。

具体的には、地域内の各自治会や消防団等との連携を図り、台風や地震を想定した図上訓練や総合防災訓練のほか、心肺蘇生法をはじめとする各種研修を実施している。自治会ごとに行った訓練では、それぞれの実情に合わせ実施することができ、災害時要配慮者や一時避難所等の把握ができたとの住民の声が聞かれている。また、災害時の相互支援を実現するため、檍地域との災害協定の締結に向けて、檍地域まちづくり推進委員会との交流事業を行っている。

事例⑤　佐土原小学校区地域づくり協議会「佐土原歴史観光発信事業」

佐土原地域は、元来、佐土原城の城下町であった地域である。佐土原小学校区地域づくり協議会では、佐土原城をはじめとする地域の歴史や史跡

図 13　佐土原城址天守閣跡の整備の様子

出典：生目地区振興会

の情報を発信することで、観光客を増やし、地域の活性化につなげることを目的に事業を実施している。

具体的には、佐土原町内の史跡や寺院などを紹介した散策マップを作成したり、史跡や旧跡の解説を記載した看板を設置したりしている。また、荒れた佐土原城天守閣跡を整備するため、一〇〇名以上の地域住民が参加し、草刈りや竹切りを行っている。平成二八年度には、地域づくり協議会で佐土原歴史部を発足させ、更なる活動の強化を図っている。

歴史を発信することで、地域外にその魅力を伝えるとともに、地域住民が地域の歴史を知り、地域を愛することにも繋がるため、今後は、行政とも協力しながら、さらに歴史・史跡の調査や佐土原城付近の整備を進め、佐土原地域の観光の核にしていきたいと考えている。

事例⑥　大塚台地域まちづくり推進委員会「ボランティアセンター事業」

大塚台地域は、一九七四（昭和四九）年に入居が開始され

図 14　ボランティア活動（庭木剪定）の様子

出典：大塚台地域まちづくり推進委員会

た大型団地であり、市内で最も高齢化率が高くなっている。住民同士がボランティアにより支え合うことで、一人一人が生きがいを持って生活するとともに、地域全体の活性化及び互助・共助のまちづくりを進めることを目的に、二〇一四(平成二六)年一〇月、大塚台地域まちづくり推進委員会が地域自治区事務所内に活動拠点となる大塚台ボランティアセンター「つなぐ」を開設している。

大塚台ボランティアセンターでは、協力会員(支援を行いたい人)と利用会員(支援を受けたい人)ともに年会費二〇〇円で会員登録を行ったうえで、相談員が電話や窓口にて相談を受け付け、双方の橋渡しを行っている。二〇一七(平成二九)年度は、相談員一四名、協力会員九九名、利用会員二三四名の登録があり、六九〇件の利用となっている。ボランティアの活動は、掃除、ごみ出し、包丁研ぎなど家事支援に関するものが最も多く、この他、電球交換等の生活支援や話し相手等の対人的支援なども行われており、協力会員の得意分野を生かし、生活に密着した活動が展開されている。このような支援の必要性は、これまでも地域で認識されていたが、地域ぐるみでの取組としてはなかなか踏み出せていなかったところであり、まちづくり推進委員会が初めて広範にわたる地域福祉の活動として取り組んだ事例と言える。

3　地域魅力発信プランの策定

二〇〇九(平成二一)年度にスタートしたコミュニティ交付金を活用したまちづくり推進委員会の取組では、各地域で特色のある事業が展開される一方で、地域の既存の各種団体と類似した取組が行われたり、現在の取組が地域の将来にどう繋がっていくのかが不明瞭であったりするなど、新たな課題も見受けられるようになった。

こうしたことから、地域で取り組むべき事業や実施主体を整理し、地域の将来像を明確にすることにより、まちづくり推進委員会をはじめとする地域の各種団体が、同じ目標に向かって役割を分担し、または連携しながら取り組み、より効果的で継続性のあるまちづくりを進める必要性が高まってきた。そこで、地域自治区ごとに五年後、一〇年後のまちづくりの将来像を描いた「地域魅力発信プラン」を策定することとした。魅力発信プランは、まちづくり推進委員会や各種団体のまちづくり活動の指針となるだけではなく、広く地域で共有することで、これまでまちづくりに関心のなかった地域住民がまちづくり活動にかかわるきっかけとなることも期待された。

魅力発信プランが地域の特性を生かした個性あるものとなるには、地域が主体となって策定することが望ましいとの考えから、地域の各種団体などで構成し、地域の多様な意見を反映することのできる地域協議会で策定することとした。なお、地域の状況も様々であることから、最終的に地域協議会が承認することを条件に、策定作業に地域協議会委員以外のメンバーが加わることや、まちづくり推進委員会など他の団体が検討することも可能とした。

各地域自治区では、二〇一二（平成二四）年度から二年かけて、地域協議会を中心に魅力発信プランの策定が行われている。策定にあたっては、地域の課題を再認識するために住民アンケートを実施した地域や、将来のまちづくりを担う小中学校の児童生徒を対象に「住みよいまちにするためにはどうすればよいか」などのテーマを設け、ワークショップを実施した地域もあり、各地域で様々な工夫がなされたところである。また、地域住民が地域への愛着と将来の夢を持てるように、歴史、文化、自然、環境、人材などの地域の資源（宝）を共有し、活用する取組も検討されている。具体的には、はじめに地域の現状把握（課題の整理）、次に将来像の検討、最後に将来像に近づけるための取組や実施主体の整理などの工程で作業が進められた。

本市では、魅力発信プラン策定のための支援として、「地域魅力発信プラン策定の手引き」を作成するとともに、地域資源（宝）に関する情報を提供したほか、必要な経費の予算措置を行っている。二〇一二（平成二四）年度には、地域協議会委員や地域自治区事務所職員を対象に、策定の意義や手法、地域資源の活用方法などについての全体研修会を行い、翌年度には、各地域の魅力発信プラン策定の進捗状況に応じた個別の相談会を実施している。なお、予算措置されていない経費が必要な場合には、地域の判断により、コミュニティ交付金を活用できることとした。

こうして、二〇一三（平成二五）年度までに、全ての地域自治区で魅力発信プランが策定されている。地域住民へのパンフレットの配布や各種団体等への説明など、その周知についてもそれぞれの地域で実施したところである。

二〇一四(平成二六)年度には、各地域の魅力発信プランを一つの冊子にまとめた「地域魅力発信プラン集」を作成し、各地域自治区事務所、市内の公立公民館や小中学校に配布している。

なお、生目台地域自治区では、先行して二〇一一(平成二三)年度に、一〇年計画のまちづくり構想を策定していたため、これを魅力発信プランとしており、二〇一六(平成二八)年度には、策定から五年が経過することから、後期計画の策定を行っている。

また、二〇一五(平成二七)年三月に合併特例区から地域自治区へ移行した清武地域、二〇一六(平成二八)年四月に赤江地域自治区の分割に伴い設置された本郷地域では、それぞれ二〇一六(平成二八)年度に魅力発信プランを策定している。

まちづくり推進委員会をはじめとする地域の各種団体においては、策定された魅力発信プランに基づき、実施事業の検証を行い、それぞれ役割を分担することで、得意な分野で力を発揮できる環境が整うこととなった。魅力発信プランの策定により、既存事業の見直しのほか、新たな事業の構築などに繋がるとともに、それぞれの団体が長期的視点に立ち、同じ目標に向かって活動することで、持続性のあるまちづくりが期待されている。

また、地域のまちづくりにおける担い手不足が課題となる中、魅力発信プランを広く周知するとともに、地域住民のまちづくりへの参加、参画に繋がるよう、ニーズを的確に捉え、より関心の高い事業を実施するなどの工夫が求められている。特に、次世代を担う子どもたちや、その親の世代に関心を持ってもらい、活動に参加してもらうことが、今後のまちづくりを継続していく上で重要となる。

【Step1．地域の現状を知る】

地域の課題や資源（宝）を探し、整理する。

課題	・集落の高齢化 ・自治会加入率の減少 ・住民同士の交流が少ない（高齢者と子育て世代の交流など） ・地域団体が抱える悩み（役員の高齢化、事業の固定化など）
資源（宝）	・地域の神社と神楽（歴史・文化） ・地域を流れる川（自然） ・昔遊びの達人（人材）

【Step2．地域の将来像を描く】

課題の解決や資源（宝）の活用などの視点から、地域が目指す将来像を考える。

＜地域課題を改善するために＞

・高齢者が安心して暮らせるまちにしたい
・住民みんながまちづくりに参加し、活動が継続、発展するようにしたい
・地域団体の負担感を減らし、活動しやすい環境を作りたい

＜地域資源（宝）を生かすために＞

・神社の神楽をずっと残したい
・川を地域のシンボルにして、多くの住民が集う場所にしたい
・地域の技人を活用し、子どもたちと交流したい

目指す将来像

◎地域住民が地域の宝を共有できるまち
◎各世代が相互に支え合うことができるまち
◎無理のない持続可能なまちづくり

【Step3．プランとしてまとめる】

将来像に近づくための方策を考え、プランとしてまとめる。

◎　地域住民が地域の宝を共有できるまちづくり

・地域の大切な伝統芸能である○○神楽を次世代に承継します
・文化財の保存に努めます
・○○川の保全に努め、地域住民の憩いの場を作ります

◎　各世代が相互に支えあうことができるまちづくり

・三世代交流を進めます
・高齢者の見守りや子育て世代のサポートに取り組みます

◎　無理のない持続可能なまちづくり

・まちづくりを担う人材の発掘と育成に努めます
・各種団体間の事業の整理を行い、無理なく活動できる環境を作ります

図 15　地域魅力発信プラン策定の流れ

出典：宮崎市地域振興部地域コミュニティ課

まちづくり推進委員会が行うコミュニティ交付金を活用した事業は、地域の多様なニーズに対応するため、事業数が増え、活動の担い手の負担が増大している状況もある。

このため、魅力発信プランに沿って事業の整理統合を行い、真に必要な事業に絞って実施していくことも重要となっている。地域協議会の中には、魅力発信プランの実現に向けて、地域の各団体へのアンケートや意見交換などを実施し、具体的な取組をまとめたアクションプランを策定しているところもある。

魅力発信プランを策定した地域協議会とまちづくり推進委員会が一層連携するとともに、地域住民一人一人の主体的な参加によって、魅力発信プランに沿った取組を積極的に進めていく必要がある。

5 地域活動に対する市の支援

1 地域まちづくり推進委員会への支援

本市では、まちづくり推進委員会に対し、コミュニティ交付金の交付以外にも、まちづくり活動をサポートする支援を行っている。

その一つが、まちづくり推進委員会の事務局の設置に係る行政財産目的外使用許可等である。事務局は、行政や地域協議会との連携が必要不可欠であることから、その多くが各地域自治区事務所や公立公民館などの公共施設内に設置されている。さらに、まちづくり推進委員会の活動は、公共性や公益性が極めて高く、市の施策とも密接に関連することから、行政財産目的外使用に係る使用料は免除している。

次に、まちづくり推進委員会の事務局職員の人件費補助である。まちづくり推進委員会が活動を開始した二〇〇九(平成二一)年度から、一団体一二〇万円を上限に宮崎市地域まちづくり事務局体制支援事業費補助金を交付し、二〇一一（平成二三）年度からは、一団体あたり一四〇万円を上限とする人件費と、四〇万円を上限とする事務費を宮崎市地域まちづくり事務局運営補助金として交付している。また、二〇一二（平成二四）年度には、事務費補助を五％削減して上限三八万円とし、二〇一三（平成二五）年度からは、人件費補助と事務費補助を統合したうえで、事務費を三八万円以内としている。これにより、事務費を削減し、人件費に充当するまちづくり推進委員会も出てきている。さらに、二〇一四（平成二六）年度には、まちづくり推進委員会事務局職員の標準給与時間単価の見直しを行い、総額を一七八万円から一八九万五千円に増額し、二〇一七（平成二九）年度からは、同様の見直しにより、一九一万二千円としている。

また、地域自治区事務所には、地域自治区を設置した当初から、地域コーディネーター（市の嘱託職員）を配置し、地域協議会や地域振興に関する業務を担ってきたところであり、まちづくり推進委員会が設立されてからは、その事務局の運営が円滑に行われるよう、様々な支援を行ってきた。さらに、二〇一五（平成二七）年度からは、地域協議会及び地域事務所の機能強化を目的に、本庁管内の地域事務所の職員体制を見直し、それまで地域コーディネーターとして各地域事務所に一から三名配置してきた嘱託職員から、行政経験が豊かな再任用職員一名（以下「地域調整担当職員」という。）を配置する体制に変更しており、地域課題に関係する行政部局との調整や各種団体間の連携など、地域自治区事務所の調整機能の強化を図っている。行政とまちづくり推進委員会の役割分担を明確にすることにより、まちづくり推進委員会の業務を直接的に遂行する実務支援ではなく、指導や助言などを行うことで、まちづくり推進委員会の自立を促してきた。

この体制の見直しにより、地域事務所の機能強化が図られる一方で、まちづくり推進委員会の事務を担う人員は、実質的に減員になると考えられたことから、二〇一六（平成二八）年度からは、宮崎市地域まちづくり推進委員会事務局運営費補助金（補助金名を変更したが、補助内容は変更していない）に加え、宮崎市地域まちづくり推進委員会事務局支援強化事業を新設し、地域調整担当職員を配置した地域には、一団体あたり一二九万八千円を上乗せして人件費を補助することとした。これにより、まちづくり推進委員会がそれぞれの実情に応じ、事務局職員を一名増員する、あるいは既存の職員の勤務時間を延長するなど、自らの判断で雇用形態を決定し、事務局体制の充実を図ることができるようになった。

二〇一六（平成二八）年度に、地域まちづくり推進委員会事務局支援強化事業により上乗せして補助金を交付した団体は、二〇一五（平成二七）年度に先行して地域調整担当職員を配置した地域事務所が所在する二つの地域自治区のまちづくり推進委員会のみであったが、二〇一九（平成三一）年度は、全一二地域自治区の地域事務所に地域調整担当職員を配置していることから、該当するまちづくり推進委員会事務局に対し、補助金を上乗せしている。

2　人材や専門性の確保に向けた支援

コミュニティ交付金を活用した事業が順調に展開される中、地域活動においては、担い手の固定化や高齢化、人材不足が課題となっているため、次のような取組を行っている。

(1)「地域まちづくりサポーター」の募集

本市では、市民が地域活動にかかわるきっかけづくりとして、できる時にできる範囲でまちづくりに気軽に参加する「地域まちづくりサポーター制度」を二〇一三（平成二五）年に創設し、登録者を募集している。二〇一六（平成二八）年三月末現在で延べ二九一名の登録があり、まちづくり推進委員会が実施する防災訓練や環境美化活動など、様々なイベント等の運営補助を行っている。まちづくり推進委員会の部会員は、比較的高齢の方が多いが、地域まちづくりサポーター（以下「サポーター」という。）は、学生をはじめ、若い世代が多く、まちづくりに興味はあるものの、時間が限られているという方の活躍の場としている。

サポーターは、希望する地域まちづくり推進委員会に二から五七名が登録しているが、制度創設から三年が経過し、効果的に活用できている地域もあれば、そうでない地域もある。ある地域では、まちづくりイベントにおいて、運営補助としてサポーターを活用しているほか、地域まちづくりサポーター登録ブースを設け、継続的なサポーター確保のために積極的に登録者を募っており、サポーターの中には、まちづくり推進委員会に加入した方もいる。

一方で、この制度の利点は、「興味のある分野で都合のいい時間だけお手伝いできる」ところにあるが、まちづくり推進委員会からは、参加が不確かなサポーターに対し、行事のたびに案内や参加確認を行うことは、大きな負担であるという意見も寄せられている。多くの地域では、担い手を確保し、人材不足を解消したいという思いはあるが、この制度が十分に機能していない状況がある。

本市としては、今後、まちづくり推進委員会の事務的な負担が少しでも軽減されるよう、効果的に活用している地域の情報提供やアドバイスを行うとともに、まちづくりに興味を持つサポーターの登録の動機や活動したいことを把握するなど、人材を必要としているまちづくり推進委員会とまちづくりに興味のある市民を効果的にマッチングさせる仕組みを構築するなど、制度の見直しが必要と考えている。

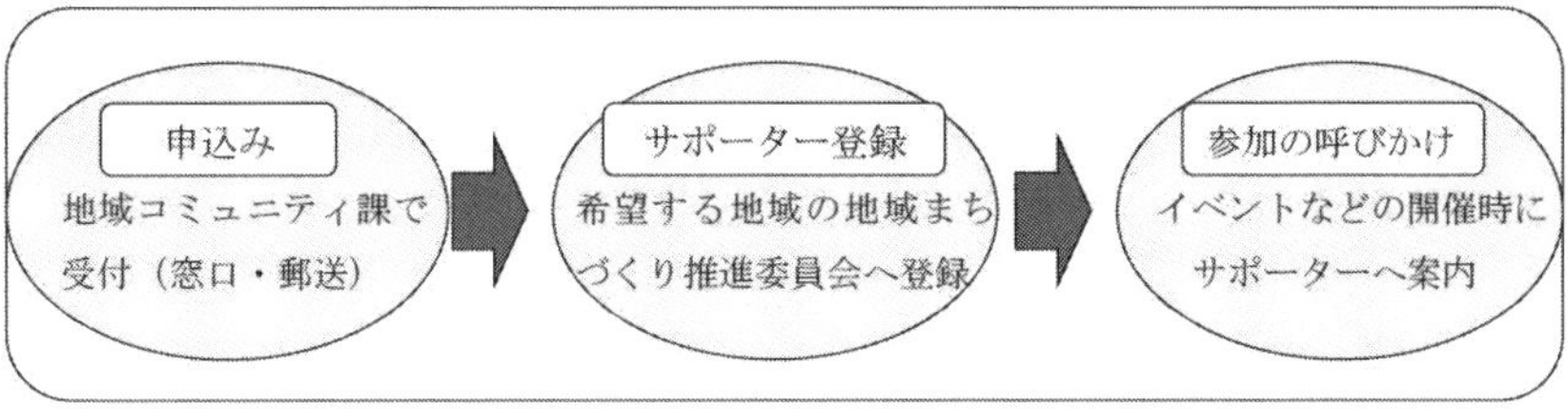

図16　地域まちづくりサポーターの登録の流れ

出典：宮崎市地域振興部地域コミュニティ課

⑵宮崎まちびと大学校・地域まちづくり人材スキルアップ事業

本市では、地域課題が多様で高度化する中、これからの地域活動を支える新たな担い手の育成や確保に向け、多様な主体との連携や経営的な視点などを取り入れたまちづくりを行うリーダー的人材を育成するために、二〇一六（平成二八）年度から二〇一八（平成三〇）年度まで、まちづくり人材育成事業「宮崎まちびと大学校」に取り組んだ。

本事業は、一年目の基礎コース、二年目の応用コースの二年課程で構成され、各コース六回以上の講座を開催していた。基礎コースでは、まちづくりに関する講話や県内の視察等を通して、まちづくりのリーダーとして活躍するための基礎知識を習得することができ、応用コースでは、グループワークや受講生自らが選んだ地域への県外視察研修等を通して、より実践的な知識を習得できるカリキュラムとした。受講者は、まちづくりに関心のある方をはじめ、実際に活動を行っている方で学び直したい方など、市民を対象に広く募集を行っていた。

なお、宮崎まちびと大学校の運営は、委託により行っており、事業者はプロポーザル方式で選定した。

二〇一六（平成二八）年度は、三三名の第一期生でスタートし、ファシリテーションやマネジメントの講座のほか、先進地視察など八月から二月までに七回の講座を行い、最終回では成果発表を行っている。基礎コースの修了生は二〇名で、そのうち一五名が応用コースへ進んでいる。

修了生には修了証を交付し、まちづくり活動への意欲を高めるとともに、講座で学んだことを活動に生かしてもらうため、希望に応じ、それぞれの地域のまちづくりに参画できるよう支援した。

結果的に、二〇一六(平成二八)年度から二〇一八(平成三〇)年度までの三カ年で、基礎コース五七名、応用コース二五名の修了生を出している。

また、二〇一九(平成三一)年度からは、本事業の一部を市民活動センターの指定管理業務に組み込むとともに、地域まちづくり推進委員会等の地域活動団体を対象に、地域のまちづくりや経営に対する認識を高めるため、短期集中型のセミナーや各種団体との情報交換の場を提供する地域まちづくり人材スキルアップ事業を開催している。

(3)地域まちづくりアドバイザー派遣事業

多様化し高度化する地域課題に適切に対応していくため、地域まちづくり推進委員会等の地域活動団体を対象に、事前に登録した各分野のアドバイザーと事業実施者とをマッチングし、アドバイザーが指導や助言を行うことで、地域課題の解決に向けた取組を促進するもので、二〇一九(令和元)年五月から実施している。本事業では、地域活動団体とアドバイザーをマッチングし、初回のアドバイザーに対する謝金を支援しているが、今後は、専門分野における人材の登録を進め、地域活動団体の自主的な対応により、アドバイザーを活用することができるよう、環境を整備している。

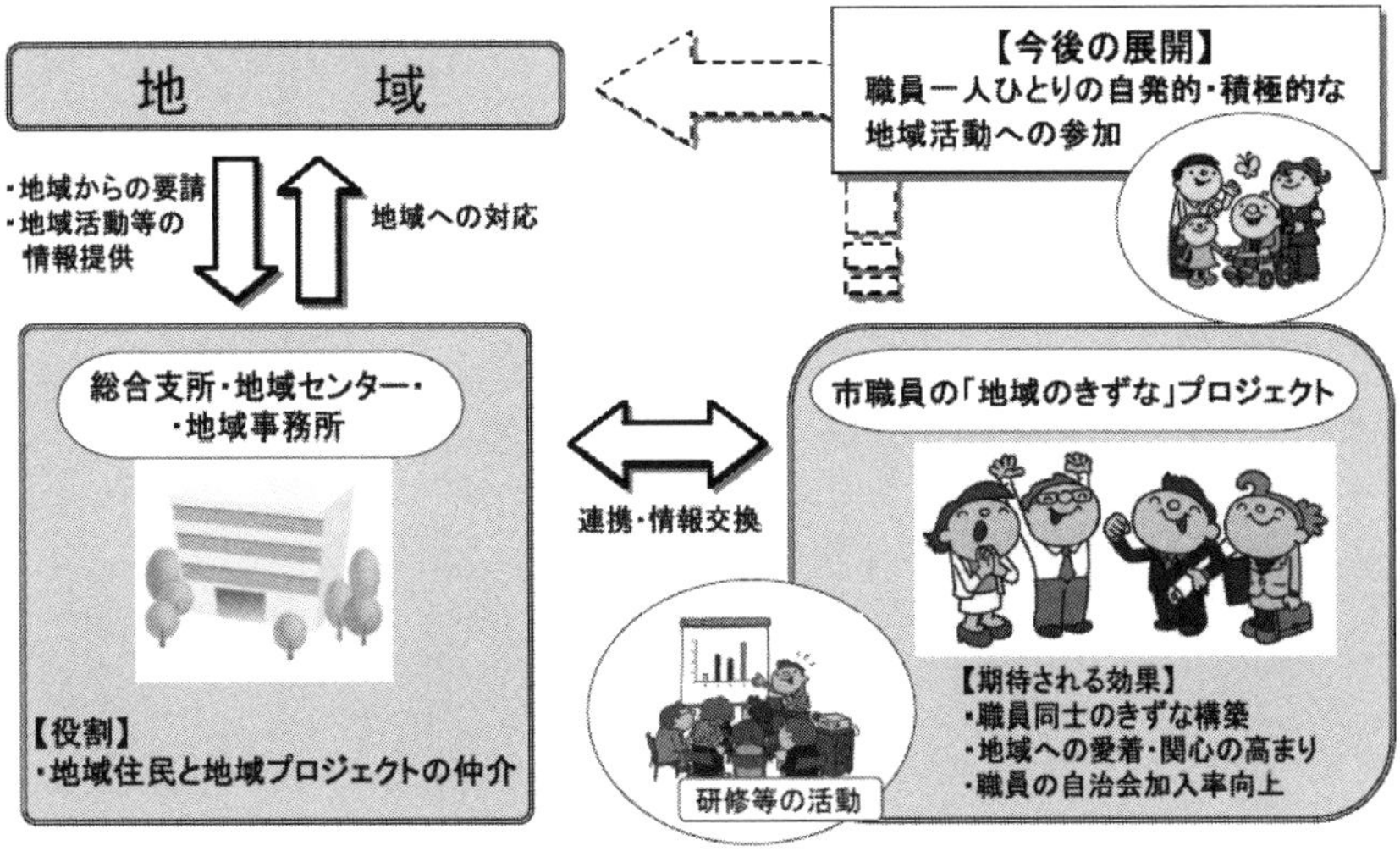

図 17　地域のきずなプロジェクト

出典：宮崎市地域振興部地域コミュニティ課

⑷市職員による「地域のきずなプロジェクト」の活動

二〇一二（平成二四）年九月から、同じ地域に居住する市の職員同士がお互いの顔を知り、防災、福祉などの研修や地域活動への参加等を通じて、地域のきずなづくりを行う活動に取り組んでいる。市内を三八地域に分けて、各地域に活動を行うための組織（以下「地域プロジェクト」という。）を設置し、全職員がいずれかの地域プロジェクトに所属している。

地域プロジェクトにはリーダーを置き、地域プロジェクトごとに、毎年度、活動計画を立て、「勤務時間内の活動」と「勤務時間外の活動」にそれぞれ取り組んでいる。二〇一七（平成二九）年度は、勤務時間内の活動として、各地域のまちづくりや認知症サポーター養成講座といった様々な研修会等を行っている。勤務時間外の活動では、地域で開催される文化祭や成人式の運営などにかかわっており、これらの活動をきっかけに、自治会やまちづくり推進委員会等が実施する事業に参加する職員も出てきている。

この取組を更に推進するため、二〇一五（平成二七）年度からは、地域プロジェクトのリーダーと各地域自治区事務所の長を対象にしたリーダー会議を開催しており、地域プロジェクトと地域自治区事務所との連携を図るための意見交換を行っている。

ある地域では、子ども会がなく、地域活動への子どもの参加が少ないことから、地域プロジェクトのメンバーが中心となって、自治会の協力を得ながら、地域の子どもたちを対象にした「七夕祭り」を開催しており、地域の方からは、「地域の交流を深めることができた」と大変喜ばれている。

本プロジェクトの目的は、職員同士のきずなづくりであるが、今後、活動の更なる活性化により、地域への関心や愛着が深まることで、職員一人一人が自発的に地域活動に参加することを期待している。

6 今後の展望と取組

1 住民主体の課題解決の取組

各地域においては、幅広い分野で地域の課題の解決のための取組が展開されているが、更なる充実を図るには、地域と行政が協働し、地域の実情に合わせ、よりきめ細やかで行き届いた取組が必要である。このような中、地域の住民同士が、ちょっとしたボランティアで助け合っていこうと、活動拠点となるボランティアセンターを立ち上げる地域も出てきている。

ボランティアセンターなどの取組は、地域住民同士で支え合う「共助」のほか、地域住民の絆づくり、生きがいづくりにも繋がると考えている。また、地域住民には、取り組みやすい活動から参加してもらうことで、段階的にまちづくりに参画するプロセスにもなることから、まちづくりを担う人材を確保し、育成する場としても注目しているところであり、今後、このような住民主体の課題解決の取組が、それぞれの地域に広がっていくことを期待している。

2　コミュニティビジネスに向けた取組

コミュニティ交付金を活用した事業において、防災や福祉などの分野で専門知識や技術を持つＮＰＯなどと連携する事業が広がりを見せている。二〇一二(平成二四)年度地域コミュニティ活動交付金活用事業評価報告書では、「限られた財源のなかで、(中略)持続可能なまちづくりの観点から、地域内におけるコミュニティビジネスの展開が望まれる。地域まちづくり推進委員会が中心となって、ＮＰＯを設立する動きが見られる。(中略)今後、収益から活動資金を生み出していくような取組を検討していくことが必要である。地域課題の解決のために取り組む事業から活動資金も生み出し、人材も育てていく、そういったビジネスの観点も取り入れていただきたい。」、また二〇一七(平成二九)年度同報告書では、「コミュニティ交付金を活用した事業は、まちづくり推進委員会によるボランティア活動を前提にしているが、地域課題が変化する中、責任が伴い、継続した活動が求められる課題解決型の取組には、制度との間に乖離が見られるため、コミュニティ交付金の使途の見直しを検討する必要がある」「地域ニーズや課題の解決に向け、まちづくり推進委員会が取り組む事業は、(中略)交付金を原資として、収益事業に着手したり、その後、コミュニティビジネスに転換したりすることで、自立性や継続性の確保が期待できる事業もある」との評価を受けており、持続可能な地域コミュニティの形成を図るため、コミュニティビジネスの取組に当たっては、幅広い視点から検討が必要になっている。

また、地域自治組織がコミュニティビジネスに取り組む中で必要になると思われる法人化については、現在の法人格の中にうまく当てはまるものがないという問題もある。法人格の中でも、比較的、地域自治組織のあり方に近いとされるNPOについては、これまで、地域を限定した活動は不可とされており、このことが法人化への支障となっていたが、二〇一六(平成二八)年四月に、活動しようとする地域自体が一つのまとまりをもった「社会」と言えるかをポイントとしながらも、「限定された区域でのみ活動を行うことについては、受益者が特定されているとは言えず、特定非営利活動促進法(平成一〇年法律第七号)で規定する不特定多数性と矛盾しない」との見解が内閣府から示されたことにより、地域活動を目的としたNPO法人を立ち上げる際の懸念事項が払拭され、法人格の選択の幅が広がったと言える。

なお、地域自治組織の法人制度の検討については、雲南市、朝来市、伊賀市、名張市を中心とする「小規模多機能自治推進ネットワーク会議」が取り組んでおり、この中で、地域コミュニティそのものを法人化する「スーパーコミュニティ法人の創設」を提唱している。今後、これらの取組の動向も注視しながら、引き続き、コミュニティビジネスの創出に向けた取組を検討していく必要がある。

3　きずな社会づくり条例に基づく住民主体のまちづくり

これまで述べてきたとおり、本市では、自治会単位での住民自治に加え、地域自治区という複数の自治会を包含する地域において、地域の様々な団体の連携による住民自治の仕組みを構築し、市民が主体となったまちづくりを進めてきたところである。

このような中、本市では、自治会の加入率が年々低下してきており、比較的新しい組織であるまちづくり推進委員会でも、担い手の固定化が課題となっている。このような状況を踏まえ、平成二五年度地域コミュニティ活動交付金活用事業評価報告書において、「持続可能なまちづくりの観点からは、宮崎市における先進的な取組を担保できるように、例えば、地域まちづくり条例のような住民主体のまちづくりを推進するための制度設計を行い、しっかりとしたビジョンを市民と共有していくことも必要である」との評価が示されている。

こうしたことから、二〇一五(平成二七)年度に地域協議会、自治会連合会、まちづくり推進委員会等の地域団体をはじめ、NPOや商工関係団体などの代表者のほか、学識経験者や公募(大学生など)の委員一六名からなる「(仮称)地域まちづくり推進条例検討委員会」を設置し、条例の制定に向けた検討を行っている。同委員会では、六回の会議を開催し、住民が主体となったまちづくりを推進するために、自治会やまちづくり推進委員会などの地域自治組織の組織力を向上させ、活性化を図るとともに、まちづくりの方向性を広く市民と共有し、地域住民との協働によるまちづくりを持続的に進めていくことなどを目的とした条例の原案をまとめている。

その後、二〇一六(平成二八)年六月に「宮崎市自治会及び地域まちづくり推進委員会の活動の活性化に関する条例(通称)きずな社会づくり条例」を制定している。本条例では、市民、自治会、まちづくり推進委員会、事業者及び市の役割を明示しており、支え合いと助け合いの精神に基づいて、地域住民相互のつながりを強化し、きずな社会づくりの実現に向け、連携して取り組むことを謳っている。

今後、市民の自治会への加入、自治会やまちづくり推進委員会の活動への参加が図られるよう、あらゆる機会を捉え、本条例の趣旨や目的について、市民や事業者に広く周知していかなければならないと考えている。また、自治会やまちづくり推進委員会が自主的、かつ自律的な活動を行うことができるよう、情報提供、助言、

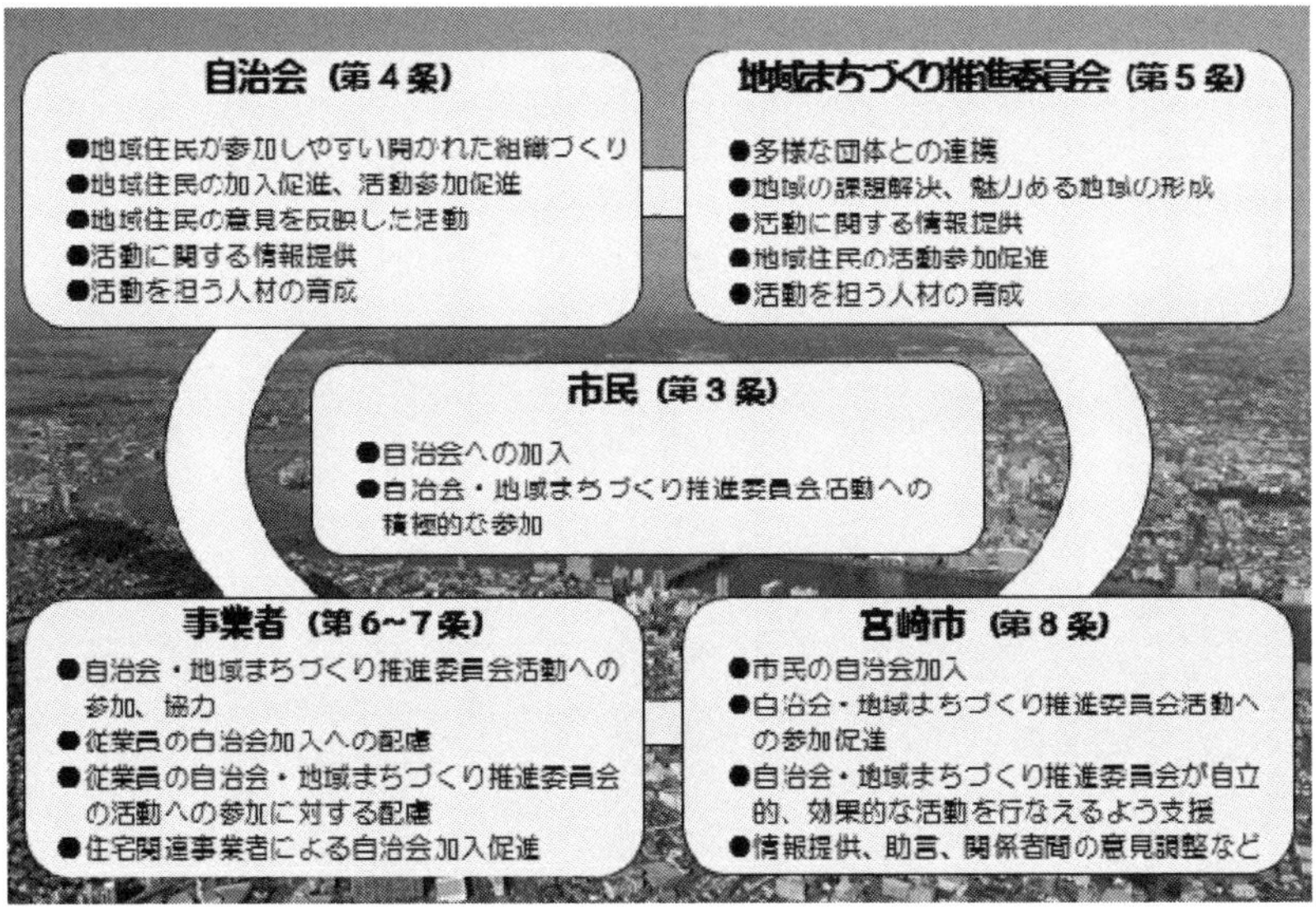

図18　きずな社会づくり条例の概要

出典：宮崎市地域振興部地域コミュニティ課

関係者間の意見調整など、必要な対応を積極的に行っていきたいと考えている。

4　地域魅力発信プランの実現に向けた取組

地域の課題を解決するとともに、地域の特色を生かした魅力ある地域を形成し、発展させていくため、長期的視点に立った取組が求められている。

前述のとおり、各地域自治区では、地域の実情を改めて把握し、地域のまちづくりの将来像を明確にすることで、より効果的で継続的なまちづくりを推進するため、魅力発信プランを策定しており、まちづくり推進委員会においても、魅力発信プランに沿った取組の検討が行われている。この魅力発信プランに沿って、地域コミュニティ活動交付金を活用した取組を展開している地域が多い一方で、具体的な取組には至っていない地域も見られるなど、進捗は異なっている。その背景としては、コミュニティ交付金の配分額が決まっている中で、継続して必要な事業があることや、まちづくり推進委員会の活動の担い手が十分とはいえない状況では、新たな事業に取り組みにくいこと、また魅力発信プランに記載される幅広い項目の中に、現行のコミュニティ交付金では、事業の実施が難しいことなどが挙げられる。

このため、魅力発信プランの実現に向けた取組を後押しするため、二〇一六(平成二八)年度から「地域のお宝発掘・発展・発信事業」を実施している。本事業は、地域資源である「お宝」を磨き上げ、発信することで、地域に愛着や誇りを持ち、住みよいまちづくりを促進することを目的としており、各地域自治区の地域協議会が魅力発信プランの実現に寄与すると認める事業に対して、最長で二〇二〇(令和二)年度までの五年間、毎年度二〇〇万円の合計一、〇〇〇万円を上限に、その経費を補助するものである。具体的には、地域自治区ごとに、魅力発信プラン実現へ向けた取組やアイディアを広く募集し、地域協議会が選定した取組に対して、市が補助金を交付している。

本事業は、地方創生の取組として、コミュニティ交付金と異なり、地域の多様な主体の参画を促すため、実施主体をまちづくり推進委員会に限定しておらず、人件費や不動産取得費など経費の範囲を広く認めているため、新たな産業や雇用を生むなど、コミュニティビジネスの創出も視野に入れている。また、魅力発信プランを策定した地域協議会が事業の選定等を行うことにより、地域における魅力発信プランの実現に向けた議論を深め、地域のまちづくりの活性化に繋げるとともに、補助を受けた取組が、補助事業期間終了後も自立して継続的に実施されることを目指している。地域協議会、まちづくり推進委員会をはじめとする地域の各種団体や地域住民など、地域が一体となって、魅力発信プランの実現に向けて取り組み、地域の宝を磨き上げることで、より一層地域の魅力が高まるものと考えている。

5　地域課題解決に向けた地域コミュニティ活動交付金の活用

経営資源が限られている中、行政には、選択と集中への対応が求められているが、住民ニーズは多様化しているため、地域で地域課題の解決に向けて取り組み、地域で解決が困難な課題を行政が担う「補完性の原理」に即した「新しい公共」を構築していく必要がある。これは、コミュニティへの地域内分権を指しており、行政の立場から言えば、これまで公平性を重視してきた行政サービスを、今後は、それぞれの地域ニーズに応じた形で、地域と協働した公共サービスとして効率的、かつ効果的に提供していくことを指している。

このような取組の中で、コミュニティ交付金を活用した事業においては、これまで行政が担ってきたサービス、あるいは提供できなかったサービスを、地域が課題として捉え、行政に代わって実施していくことにも繋がると考えている。

このため、コミュニティ交付金を有効に活用することにより、地域の課題解決に向けた主体的な取組が一層推進されるよう、毎年、交付金評価委員会において、まちづくり推進委員会から提出されるコミュニティ交付金に係る実績や意見等を審議し、必要に応じて使途の見直しを行っているところである。

しかしながら、各まちづくり推進委員会で使途のルールに対する考え方が異なるため、使途の緩和に向けた見直しが進んでいない状況にもある。地域コミュニティ活動交付金制度を導入して、一定の期間が経過している状況を踏まえると、使途のルールを緩和し、地域協議会にその判断を委ねることなども検討する時期にきているのではないかと考えている。

6　地域協議会の機能

地域協議会の地方自治法上の性格は審議機関であり、地域における各種団体等の意見や要望を集約し、行政施策に反映させるため、答申や提言を行う役割を担っている。市の諮問に対する答申については、これまで(平成三一年三月末現在)四地域自治区で延べ七件の実績であるが、提言は、毎年、多くの地域で積極的に行われており、その内容は、地域で異なり、多岐にわたっている。

また、コミュニティ交付金に係る取組については、事業計画の策定やその執行にあたり、地域協議会の承認を得ることを要件としている。地域の意見調整や政策決定などを行う地域協議会と実践組織であるまちづくり推進委員会が連携して取り組むことで、住民主体のまちづくりの推進が図られると考えている。地域協議会の委員は、まちづくり推進委員会が実施する事業に実際に参加し、事業をより深く理解したうえで、事業計画や実績報告に対する意見を述べており、事業がより効率的、かつ効果的に行われ、地域課題の解決が図られるよう、取り組んでいる。

このように、地域協議会は、地域住民の意見を市政に反映させるとともに、地域課題の解決に向けた取組を着実に進めるため、その役割を果たしてきた。

一方で、今後、各地域のまちづくりが進展していくには、地域協議会が地域の実情を適切に把握し、まちづくり推進委員会をはじめとする地域の多様な主体と課題を共有しながら、まちづくりや地域施策の方向性を明確にするとともに、その実現に向け、地域が一体となって取り組む必要があるため、地域協議会の意見調整や政策決定等の機能を一層強化していかなければならないと考えている。

併せて、地域協議会が適切に役割を担っていくうえで、会議の開催頻度や、委員の任期についても、検討が必要であると考えている。

また現在は、地域協議会が、地域の課題を的確に把握し、意見調整や政策決定をはじめ、有益な提言を行える組織となるよう、地域協議会の事務局である地域自治区事務所の機能強化に取り組んでいる。

7 地域協議会と地域まちづくり推進委員会との関係

コミュニティ交付金の取組がスタートした当初、まちづくり推進委員会では、どのような事業を実施することが地域の課題解決に繋がるのか模索している地域もあったが、各地域では、魅力発信プランが策定されたことで、地域の将来像が明確になり、目的意識を持って各種事業に取り組まれている。なお、魅力発信プランは、地域協議会が主体となって策定することとしていたが、ある地域のまちづくり推進委員会からは「実際に活動している自分たちで作るべきだ」との声も聞かれた。

先述のとおり、地域協議会は、地域の実情を適切に把握し、地域課題の解決を図るため、まちづくり推進委員会と強力に連携する必要がある。このことから、まちづくり推進委員会が地域協議会とともに、地域のまちづくりの方向性を検討したり、魅力発信プランを策定したり、地域の各種団体と連携しながら、協働による取組を進めていくことは、必然であると考えられる。

いずれにしても、地域協議会とまちづくり推進委員会の関係については、双方がお互いの役割を理解し、共通の認識のもと、車の両輪となって機能する必要があるため、引き続き、地域自治区事務所がその調整に取り組んでいかなければならないと考えている。

「宮崎市の地域自治区制度における取組」に寄せて

「地域自治区を生かしたまちづくりに期待します！」

元　宮崎市市民部参事兼地域コミュニティ課長　中島　恭一

平成一八年一月に一市三町が合併したのをきっかけに地域自治区制度を導入して早や一三年が過ぎました。これは、身近な地域の課題を地域で解決する枠組みを整備し、住民主体のまちづくりを進めて行こうというものでした。このため、地域自治区の要となる地域協議会に地方自治法で定められている役割のほかに、本市独自の「住民主体のまちづくりの推進」を加えるとともに、地域で活動する各種団体を繋ぎ合わせ、地域活動をより活性化させるためにコーディネートを行う「地域コーディネーター」を平成一八年度後半から地域事務所に配置しました。

地域コーディネーターを配置して一二年が経過し、その業務を調査してみると地域によって大きな差があることがわかり、意見交換会や研修を行う必要性を痛感しました。先ずは地域づくりのコーディネートを行うための知識として活用し連携や協力の可能性について考える機会とするため、市民活動センターや市民活動団体の活動事例を学び、意見交換会を行いました。翌二一年度には、地域住民と密接な関係がある行政部門の業務内容も知ってほしいとの思いから、福祉・環境・教育・健康など、一三課の行政概要研修を三回開催しました。

地域コーディネーターとの意見交換会の中から見えてきたものは、会議運営や合意形成の難しさでした。当時は、地域自治区制度が発足して間もないこともあり、地域コーディネーターの役割や地域協議会との関係等をはっきりとお示しすることが出来ず、むしろ、そのことも地域の自主性に委ねてきたので、地域コーディネーターの皆さんが自分の在り方に悩んできたのではないかと反省しています。

会議の運営では、ファシリテーションの技術が効果的だということで、地域コーディネーターにこの研修を受けてもらいましたが、地域協議会やまちづくり委員会の皆さんにも幅広く受けてもらいたかったというのが本音でした。まちづくり委員会にはテーマ毎に部会が出来ましたが、部会が出来た時点でやることが決まっている、或いは一人の意見が通る可能性があるなどと心配する意見や各団体のトップの人が多く話し合いが持てないという地域がありました。このような意味では、組織づくりをどのようにやるか、若い世代や女性が多く参加する組織づくりが出来れば「まちづくり」は進んでいくとの思いがあります。

合意形成の方策としては、リーダーが多くの意見を引き出すことができるか、いわゆるマネジメント力があるかがは重要なファクターになってくると感じました。

このように、各地域自治区はこの一〇年余り試行錯誤の日々だったのではと思いますが、ここで大事なことは、「住民主体」とは何なのかを、「地域の課題」とは何なのかをもう一度問い直し、一から生活者に根差した計画を立て直す時期に来ているのではないかということです。

最後に当時提案された「コミュニティ税」であります。「住民主体」ですから「まちづくり」の資金を自分たちで出すのか、或いは行政から出してもらうのか、ここには大きな意識の差異が生じると考えます。

また、「まちづくり」が事業（イベント）をすることだけに目が向けられると長続きしないし活動が疲弊してきます。もっと身近なこと、地域で生活している人々の課題を取り上げ助け合う地域になればと願っています。

「宮崎市の地域コミュニティに多様性を」

元赤江地域まちづくり推進委員会会長　黒田　奈々

「向こう三軒両隣とのお付き合い」に淡い憧れと期待を持って、私は宮崎へ転入してきた。最初が肝心と挨拶の品を片手に隣家を訪ねるも、いつも不在。帰宅のタイミングを見計らううち機を逸した。ドラマのようなお隣さんとの密接な付き合いが始められずガッカリしつつも、一方で気が軽くなるのを感じたことが、十数年経った今も印象に残っている。結局、随分たってからお隣さんとは挨拶でき、旅行で長く家を空けるときには留守を頼めるような付き合いができた。しかし互いにプライバシーに踏み込むことはなく、「交流」と呼べるような行き来はないままお隣さんは引っ越して行った。隣家はその後も住む人の入れ替わりがあったが、若い夫婦向けの住まいだったこともあり、深い近所付き合いに発展することはなかった。仕事を持ち、休日は出かけることの多い私たち夫婦は、それに不都合を感じることもなかった。

しかし子育て支援のＮＰＯで仕事をしていた私は、その活動の中で「子育て家庭の地域からの孤立」という課題に取り組むことになる。大きな災害を経て「地域の絆」が叫ばれるようになっても、それに対し「煩わしい」「面倒」というイメージを持つ同世代の気持ちのほうにより共感した。地域活動が大切なのはわかるけど時間がない、ゆとりがない、という子育て世代に対し「それでも地域活動に参加するべき」とは言えなかった。私自身が、「地域の絆」というものに少し距離を置きたいという気持ちがあったからだ。

ではどんな解決策があるのかと、子育て世代や若者のグループで話をしたとき「もっとゆるい『地縁』があれば」という話題が出たことがあった。地域活動しなさいと言われても、世代や価値観も違えば生活の時間帯も違うような人とでは、抱える生活課題も異なる。「向こう三軒両隣」のエリアを広げて、同じ地域課題に取り組みたい人どうしとか、同じ年齢の子どもをもつ人どうしがつながるのだったら一緒に取り組んでみたい、という意見だった。そんな「もう少しゆるっとした地域」ってどんな風に作ればいいのだろうと考え始めたころ、宮崎市に地域自治区とまちづくり推進委員会が設置された。地域づくり活動に多様な人が参画し、多様な関わり方があり、さまざまな動機で参加できる、そんな多様性を認める新しいしくみができたと感じた。

そして私自身もまちづくり推進委員会と地域協議会に参加した。これまで気にも留めなかった側溝が大変な苦労の末に築かれた歴史的価値を持つ用水路であること、何気なく通り過ぎていた界隈が実は江戸時代には商人の街として栄えていたこと。雑草だと思っていた堤防の植物が、宮崎でしか見られない希少種だということ、それを守るため毎年近所の皆さんが草刈りを行うこと。自分の地域がどれほど価値ある場所なのか知り、それを守り伝える人に感謝した。私も伝えていきたいと感じた。

これまで率先して地域づくりを担ってきた重鎮の方々とともに活動し議論を交わすなかで、担い手の皆さんのご苦労を知り、地域活動を窮屈と決めつけた私の身勝手さを反省した。そして何より地域活動の楽しさを体験した。だからこそ、地域活動にネガティブなイメージを持つ人にも、この楽しさを知ってほしいと思う。

宮崎市における地域自治区は私にとって、地域づくりに多様性を保障するしくみだ。地域活動はこうあるべきという縛りから解放され、多様な人の「協働」で成り立つしくみである。働いていても、自分なりの参加ができる。自分だけの問題と思っていたことが地域の課題だとわかれば、仲間と一緒に解決できる。

「自治」は、すぐ手の届くところにある。

「成果はこれから！〜まちづくりに夢を〜」

宮崎市佐土原総合支所長　本村　真二

『私の夢は、フーテンの寅さんの映画の世界、あの葛飾柴又の世界。あの映画では、悪人が一人も出てこない。確かにけんかはあるけれども、お互いが相手を思いやり気遣っておせっかいをするがゆえのけんかでありました。あの映画を多くの日本人が愛好するというのは、やっぱり日本人というのは心優しい人々がお互いを思いやる、人情味あふれる地域社会、これを心の底で願っているからだと思います。時代が違うからとか、映画のようにはいかないと、はなからあきらめていたら、地域のコミュニティは衰退の一途だと思います。考えてみれば、あのフーテンの寅さんの葛飾柴又に似たような雰囲気というのは、つい数十年前の日本なら、どこにでもあったはず。数十年前の日本を再現するというのは決して不可能ではないと思ってます。地域コミュニティが私たちの心豊かな人生に欠かせないものだと皆が気づけば、地域コミュニティの再生と活性化は見果てぬ夢ではない。可能な夢と考えます。』(平成二一年第一回・第五回・第七回宮崎市議会定例会議事録から市長答弁を抜粋)

二〇〇九(平成二一)年四月一日、宮崎市が「地域コミュニティ税」を導入したその日に、私は地域コミュニティ課地域自治係の係長を拝命し、一年間、この制度に携わりました。

当時の地域自治係というと、係員は私を含め正職員五人(他に、嘱託員の地域コミュニティアドバイザー、事務補助員、通学路調査員の三名)で、地域協議会や地域コミュニティ活動交付金などの地域自治区を軸としたまちづくりのほか、自治会・自治公民館制度等を所管していました。

振り返ると、税の導入直後の混乱の中、地域コミュニティ活動交付金の申請・交付に係る法整備や地域事務所の整備等に奔走する毎日。日中は苦情を言いに窓口に来られる方の対応に追われ、仕事が深夜に及ぶ日も多くありました。議会でもまちづくりの成果を問う議論が活発に行われ、定例会での一般質問は係で毎回六〇問程度。想定質問を含めると優に一〇〇を超える答弁を準備していました。また全国各地からの視察も多く、その対応にも力を尽くしました。担当係として多少の苦労はありましたが、それでも、この制度をしっかりと軌道に乗せるために懸命に働き抜いたのは、冒頭に紹介した当時の市長の夢に皆が共感したからだと思います。

私はその翌年四月の人事異動で係を去りましたが、五年後の二〇一四(平成二六)年四月、宮崎市が地域自治区のまちづくりを専門に所管する組織として新設した「地域まちづくり推進室」に異動になり、再びこの制度に携わることになります。

早速、その四月には地域協議会の委員の任期の節目ということもあり、各地域協議会に出向いて辞令交付式を行いました。各地域に参りますと、以前お世話になった地域の皆さんが、「おお、戻ってきたんだね！」「戦友！久しぶり」などと笑顔で声をかけてくださいます。『地域で活躍されている方は変わらぬ情熱で継続して頑張っていらっしゃる！』今でもその時の感激は忘れられません。

宮崎市の地域自治区制度を軸としたまちづくりは、「地域コミュニティ税」の廃止(一般財源化)や「使途研究会」「評価委員会」の「地域コミュニティ活動交付金評価委員会」への統合など、多くの進化を遂げました。

また、各地域自治区では二〇一二(平成二四)年度から二〇一三(平成二五)年度にかけて、五年後・一〇年後を見据えた地域独自の計画「地域魅力発信プラン」を策定し、「地域コミュニティ活動交付金事業」「地域のお宝発見・発信・発展事業」を財源にその計画の実現に向けて取り組むなど、地域の皆さんの熱い思いと弛まぬ努力により着実に前進しています。

地域まちづくりの成果は一朝一夕には表れません。「都市内分権」が進めば、近い将来、地域が予算編成権や執行権の一部を行政から任される時が来ると思います。地域協議会等はその受け皿としての役割をしっかりと果たせるよう成熟する必要があります。

『地域が役所に一回一回お伺いを立てながら物事を進めていく時代は終わった。これからは、地域自らが課題を捉え、解決策を考え、それを実践していく』　行政と地域が共に目指した情熱を、これからも多くの人たちで共有していくことを願っています。

むすびに

本市は、地域の住民自治、いわゆる地域力を高め、行政とのパートナーシップのもと、効率的、かつ効果的に地域課題の解決を図り、自信と誇りの持てる地域づくりを行うことを目的に、地域自治区制度をスタートさせている。地域自治区を軸とした本市の住民主体のまちづくりは、その後、地域の方々と連携しながら一三年かけて築き上げてきた仕組みである。

この間、地域においては、高齢者を地域で支え合うとともに、健康づくりを含めた「福祉」について、地域住民の理解と意識の向上を図るため、健康福祉まつり事業をはじめ、地域の子どもを地域で育てながら、児童生徒が地域社会にかかわるきっかけをつくる事業、地域の憩いの場である里山の整備を行い、地域の宝として守り引き継いでいく事業、地域の大学と連携しながら、子どもの食育や世代間交流を図る事業など、地域の特性に合った事業が幅広く展開されている。

そのような中で、地域協議会を中心に、地域自ら、地域が目指すまちづくりの方向性や取り組むべき課題等を考え、まちづくり推進委員会をはじめとする地域の各種団体が、住民や他の団体と連携しながら、課題解決に向けて取り組むという仕組みが構築され、各地域に定着してきたところである。

本市では、地域自治区制度を導入したことで、各地域の地域力は確実に向上しており、住民主体のまちづくりが着実に推進されていると実感している。

今後は、少子高齢化が進行し、人口減少が予想される中で、二〇二五年問題に対応した地域包括ケアシステムの構築のほか、近い将来の発生が予想されている南海トラフ巨大地震に備えた地域防災対策など、地域自治区の要となる地域協議会やまちづくり推進委員会の役割は益々重要になる。

このような中、これまでの一三年を振り返ると、地域協議会の機能強化やコミュニティ交付金の使途の見直しなど、取り組むべき課題も生じていることから、地域の自主性や自律性を高め、地域力の向上が図られるよう、地域と行政による協働のまちづくりを強力に推進していきたいと考えている。

宮崎市の地域自治区の挑戦・巻末解題

名和田是彦

このブックレットは、宮崎市がこの一〇年ほどコミュニティ再生のために取り組んできた、地域自治区制度を通じた地域づくりについて、宮崎市地域コミュニティ課がまとめたものである。

役所の書いた文章であるから、やや硬いと感ずる人もいるかもしれないし、時として回りくどさを感ずる人もいるかもしれない。しかし文体はともかく、宮崎市の地域自治区制度を中心とするコミュニティ政策について簡にして要を得た説明を提供するものであり、多くの自治体や地域活動者・市民活動者に貴重な情報を提供するものである。

これまで宮崎市の地域自治区の取り組みについて書かれたものはあまり多くなく、重要な取り組みなのにあまり日本で知られていないことを私自身残念に思っていたが、こうしてまちづくりブックレットシリーズの一冊として広く世の中に出回ることとなったのは大変喜ばしい。

1　地域自治区制度とは

宮崎市が採用している地域自治区制度は、地方自治法第二〇二条の四以下に規定されている「一般制度としての地域自治区」といわれる仕組みである。これ以外に、政令指定都市に適用される特例や合併特例の地域自治区、合併特例区などがあり、宮崎市もこのところ合併した高岡町、田野町、佐土原町、清武町にはそれぞれ最初の五年間だけ合併特例区が置かれていたが、今は全て一般制度の地域自治区になっている。

この地域自治区という仕組みは、第二六次及び第二七次地方制度調査会で議論され提言されたものである。第二七次地方制度調査会答申(二〇〇三年一一月)は次のように述べている。

「地方分権改革が目指すべき分権型社会においては、地域において自己決定と自己責任の原則が実現されるという観点から、団体自治ばかりではなく、住民自治が重視されなければならない。基礎自治体は、その自主性を高めるため一般的に規模が大きくなることから、後述する地域自治組織を設置することができる途を開くなどさまざまな方策を検討して住民自治の充実を図る必要がある。また、地域における住民サービスを担うのは行政のみではないということが重要な視点であり、住民や、重要なパートナーとしてのコミュニティ組織、NPOその他民間セクターとも協働し、相互に連携して新しい公共空間を形成していくことを目指すべきである。」

ここにいう「地域自治組織」というのが、のちに地方自治法等に規定される地域自治区のことである。この答申によれば、地域自治区には二つの理念が組み込まれている。

一つは、「住民自治の充実」である。この言葉は、地方自治論におけるテクニカルタームであり、地方自治体の意思決定が民主的に行われるべきことを要請する理念である。各住民が一票ずつ持って首長や議会を選挙することから始まり、各種の請願や陳情や公聴会、パブリックコメントなどを通じて地方自治体の意思決定に住民の意思が十分に反映されることを要求する理念である。昨今の自治体ではこのことを「参加」と言っていることが多い。答申は、市町村合併の進展によってこのような民主主義が薄くなることを懸念して、住民の声が大規模自治体のもとでも十分に反映されるような新たな制度を設けることを提言しているのである。

しかし、地域自治区制度にはもう一つの狙いがあった。「協働」である。上記の「住民自治の充実」が、自治体の意思決定に関わっているのに対し、「協働」は、かくして決定されたことを実際に執行し、住民に公共サービスが届けられる場面に関係している。すなわち、公共サービスを行政だけが担うのではなく、「住民や、重要なパートナーとしてのコミュニティ組織、ＮＰＯその他民間セクターとも協働し」て行うことを答申は求めている。この「協働」という考え方は、一九九〇年代以降様々な政策分野で強調されるようになってきたが、地域自治区制度の設計においても組み込まれたわけである。

このブックレットをお読みになるとわかるように、宮崎市でも、地域自治区にこの二つの機能があり、車の両輪のように両方を重視していくことが目指されている。

2　宮崎市による地域自治区制度の採用

地方制度調査会でこの「地域自治組織」が議論されていた時に、この動きをキャッチし（議事録は公開されている）、大いに共鳴したのが宮崎市であった。

宮崎市では、自治会の加入率の低下が進行し、自治会が組織している様々な地域での活動（これは公共サービスといってよいものである）が、単に担い手が減少し高齢化して立ち行かなくなるというだけではなく、自治会未加入者がフリーライド（ただ乗り）することになって（例えば防犯灯を考えるとよい。防犯灯を管理しその電気代を支払っているのは自治会であるが、会費を負担していない非会員が歩くときも防犯灯は明るく道を照らしている）、受益と負担の関係について会員に説明がつかないという悩みを抱えていた。

地域自治組織のような公的な制度の網をかければ、会員かどうかということに関係なく、すべての住民をまちづくりの当事者にすることができるだろう。そこに宮崎市の共鳴があったようである。

二〇〇四年の地方自治法改正によって「地域自治区」制度ができた時、宮崎市はこれをすぐに導入した。

当時私は、地域自治区制度の設計に若干関わったこともあり、この仕組みがどのように運用されるかに大いに関心があった。結局は平成の大合併のソフトランディングの装置に終わるのではないか、コミュニティ再生の制度としては機能しないのではないかと危惧していたのである。

インターネット上で、地域自治区を採用している自治体のサイトを見てみたが、ほとんどがやはり合併のソフトランディング策として導入しているように思えた。だからそのほとんどは、合併特例のものであり、期限が切れるにつれてその数はどんどん減じていった。

ところが、宮崎市のサイトを見ると、どうも違うと思えたのである。たしかに、当時の旧の田野町、高岡町、佐土原町は合併特例区となっていたが、合併前の宮崎市は一般制度の地域自治区のようであり、比較的小規模な、「コミュニティ」といってよいエリアに区分けされているように見えた。それでも、各地域自治区の規模は、他の自治体のコミュニティ政策で定番になっている小学校区程度よりはかなり大きいようでもあり、実態はどうなのかネット情報だけではわからなかった。

そこで、思い切って連絡を取り、二〇〇七年三月に研究者仲間とともに宮崎市に実際にお邪魔したのである。私と宮崎市の今に続くおつきあいがここから始まった（私は今も、本書に登場する「地域コミュニティ活動交付金評価委員会」の委員を務めていて、毎年数回宮崎市を訪れ、委員会に出席するほか、様々な地域自治区を実際に訪問させていただいている）。訪問してお話を聞いて、その発想の素直さに感銘を受けた。自治会という民間組織だけでは、会員になることによってしかまちづくりの当事者になれないので、公的な制度の助けを借りてすべての地域住民をまちづくりの当事者にしている。自治会費を負担している人とそうでない人の受益と負担の関係の矛盾を解消するために、税によって活動費を保障する（地域コミュニティ税やその廃止後の一般財源からの拠出による地域コミュニティ活動交付金）。実に素直である。

また、ちょっとエリアが大きいのではないかという疑問も、宮崎市の連合自治会のエリアが他の多くの自治体におけるよりも大きいことによるのだということもわかった。連合自治会のエリアを目途に、自治会の力を借りて、こうしたコミュニティの仕組みを立ち上げるのが日本のコミュニティ政策の定石であるが、宮崎市もそれに沿っていたのである。要するに、宮崎市は、地域自治区制度をコミュニティ政策のツールとして真面目に使っているのである。

3　住民組織の二重化

宮崎市は地域自治区制度に素直に反応し、これをコミュニティ政策の基盤として用いている。では、なぜ他の多くの自治体もこれに倣わないのであろうか。

実は地域自治区制度にはいくつか使いにくいところがあるので、敬遠されているようである。

その一つをここで取り上げよう。

地域自治区には、行政側の事務所を置くほか、住民を代表する組織として「地域協議会」という審議機関が置かれる。第二七次地方制度調査会答申は、この地域協議会について、「住民に基盤を置く機関として、住民及び地域に根ざした諸団体等の主体的な参加を求めつつ、多様な意見の調整を行い、協働の活動の要となる」と述べていた。

しかし、実際の法律上の作り方を見ると、地域協議会は、あくまで行政サイドに設置された機関であり、しかも審議機関とされているので、自ら地域課題の解決を担って様々な活動（まさに「協働」の活動である）をすることができないのである。

地域協議会は、当該地域自治区の住民の総意として、様々な議決をするであろう。ではその議決を執行し実現するのは誰なのか？

「協働」の理念からいえば、それは市役所行政とともに当該地域の住民自身でもある。では住民側の組織として地域協議会は自ら活動できるのかというと、できないのである。

そこで、地域協議会が、「協働の活動の要」として、ある案件について、自らの意思を実現しようと考え、かつそれが行政ではなく住民の役割だと考えたとすると、とり得るやり方は二つあろう。

一つは、その案件について取り組んでくれる地区内の活動団体や個人に呼びかけることであり、最近宮崎市でもこうしたやり方が模索されていることを読者はこのブックレットによって知るであろう。

もう一つは、地域協議会の指導のもとにその意思を実現する独自の住民組織をつくることである。これが宮崎市の「地域まちづくり推進委員会」にほかならない。このようなやり方は、地域自治区制度を採用している他の自治体にもよく見られるのである。

すると、地域自治区制度を採用すると、住民組織が二つできてしまうことになりやすいということである。地域協議会とその意を受けて実働をする住民組織とである。これは一見して面倒そうであろう。しかも、このブックレットにも少し出てくる点であるが、地域協議会の指導を受け、かつ地域コミュニティ活動交付金というお金をもらって事業を行う地域まちづくり推進委員会の主要メンバーが、地域協議会のメンバーでもあるとしたら、いかにも利益相反的であろうから、これを分けるとなると、ただでさえ不足気味の地域人材が浪費されることにもなる。

こうしたことがあって、地域自治区制度はやや敬遠されているのだが、しかし私は、この住民組織の二重化という点についていうと、デメリットばかりとは考えていない。

上に述べたように、地域自治区制度には「参加」（「住民自治の充実」）と「協働」という二つの理念があるのであるが、日本の現実においては、行政サイドの財政難という問題があり、どうしても「協働」に目が向きがちである。住民の皆さんに安く働いてもらおうという考慮が前面に出がちになる。それも現在の厳しい状況のもとではやむを得ないという判断もあるだろう。しかし、少なくともそういう判断を当該地域の住民も共有し、地域課題の解決に自らも取り組もうと自ら決めたということが大切である。すなわち「参加」の理念も重視されるべきである。住民組織が二つでき、地域協議会と地域まちづくり推進委員会と二つの住民組織ができ、それぞれが「参加」と「協働」の理念を体現して、車の両輪のように機能することは重要なことであろう。

この場合でもややもすると、「参加」を体現している地域協議会の影が薄くなりがちな傾向があるように思われる。その点、宮崎市は地域協議会を重視した運用をしているのは高く評価されてよい。

4　これからの宮崎市の展開

地域自治区のような仕組みのことを一般に「都市内分権」とか「自治体内分権」、「地域分権」などという。諸外国にも多様な例がある。日本ではほとんどの場合コミュニティ再生の仕組みとして取り組まれている。日本でも、このところだいぶ普及してきており、全国の都市自治体の六割が何らかの形で都市内分権を行なっているとの調査もある。先に述べたように、地域自治区制度を使って都市内分権を行なっているのは、宮崎市のほか、上越市、恵那市、飯田市、新城市など、少数派である。大部分の自治体は、条例を定めたりして独自の制度を作り、運用しているのである。しかし、コミュニティ再生という狙いとするところはほぼどの自治体にも共通している。

そして、仕組みの運用を始めて一〇年、二〇年と経過すると、いろいろと新たな課題も出てきて、さらなる飛躍のための工夫が模索されている。宮崎市も同様である。詳しくはこのブックレットを読んでいただきたいが、この解題においても、他自治体との比較の観点を交えていくつか述べておく。

⑴地域魅力発信プラン

まず第一として、地域まちづくり推進委員会の事業を地域のニーズにあったものに保っていくためのツールとして、「地域魅力発信プラン」の策定と推進に取り組むことをこのところ始めている。この種の計画づくりは、どのコミュニティにとっても必要で、いずれ取り組まねばならないのであるが、どのタイミングで地域に提起するかは難しい。都市内分権の取り組みの始まりの時期から計画づくりを求めた自治体もあり、宮崎市のように途中からの自治体もある。

地域における計画づくりはコミュニティ再生のための重要な取り組みではあるが、地域の人たちがこうした課題をすぐに必要なものとして認識するのはなかなか難しい。一〇年ほど経過というのは、改めて振り返り、課題を明らかにし、今後の展開を考えるのにほどよい時期である。

地域により事情は様々だから定則のようなものはないが、地域における計画づくりはやはりある程度取り組みが進展して経験を積んでからのほうがよさそうに思う。

⑵地域まちづくり推進委員会が取り組む事業の評価

ところで、第二であるが、宮崎市においても、この「地域魅力発信プラン」策定に至ったのは、まさに地域まちづくり推進委員会の取り組みの課題を反省した結果である。「各地域で特色のある事業が展開される一方で、地域の既存の各種団体と類似した取組が行われたり、現在の取組が地域の将来にどう繋がっていくのかが不明瞭であったりするなど、新たな課題も見受けられるようになった」と率直に書かれている（四八頁）。

都市内分権を行なっているほとんどの自治体で、その額に多寡はあっても、各コミュニティにおいて設立される協議会組織に使途をかなり自由に決められる補助金を行政が交付するという仕組みが採用されている。これによって、コミュニティ再生に必要な事業を住民自身に取り組んでもらおうというのである。

では、どんな事業がコミュニティ再生に資するのか？

新たに生じている課題で、これまで自治会も他のどの団体も十分に取り組めていない、あるいは課題さえ認識されていなかったことを、話し合いを通じて発見し、取り組むという先進的な事例も多く見られる。このブックレットでも宮崎市の事例を読者はたくさん知ることができる。

他方で、これまで単位自治会や連合自治会が行なっていたお祭りや賀詞交換会、防災訓練や防犯活動などを、看板を変えて都市内分権の住民組織が行うようにし、行政からの補助金をもって費用に充てる、というのは、一見すると安易に見えるかもしれない。しかし、これが当該地域にとってコミュニティ再生に資するという判断は当然ありうる。

したがって、何が交付金を使った事業として効果的であるかは、なかなか一概には言えないのである。だからこそ各地域で十分な話し合いをして、地域魅力発信プランのような計画を作り、地域の判断で事業を進めていくことが大切なのである。

(3)コミュニティ・ビジネス

次に、これからの宮崎市のコミュニティ再生の取り組みに関する第三の点であるが、地域課題の解決活動に要する費用を、交付金だけに頼るのではなくて、地域で収益事業に取り組んで自前の資金を得ていくということが、宮崎市に限らず多くの地域で話題になっている。いわゆるコミュニティ・ビジネスである。これについてもこのブックレットに書かれている。

宮崎市の地域まちづくり推進委員会は、それぞれの地域自治区において、地域協議会が使途を決定する地域コミュニティ活動交付金を独占的に使用できる組織である。しかし、この地域まちづくり推進委員会が、さらに収益事業まで手がけて、交付金ではできない事業、交付金では足らない事業をも行おうとすると、もっと別な組織形態が必要だと考えられるかもしれない。地域まちづくり推進委員会は、ボランティアで活動することを原則としているし、法人格を持たない。より事業性の高い取り組みを行おうとすれば、当該地域において別な法人を作って取り組むようになるかもしれない。宮崎市内も含めて、そうした動きは全国にすでに見出されるのである。

5　自治会と都市内分権

自治会の加入率低下は宮崎市に限った問題ではなく、全国的に進行している。おそらく都市内分権を導入する自治体の政策判断の大きな背景であることは間違いない。

では、地域づくりとコミュニティ再生の中心を、自治会から都市内分権の協議会組織に移すということなのかというと、事態はそのように単純ではない。

なぜならば、都市内分権が実際に機能するには何と言っても自治会の存在が不可欠だからである。地域の大多数の人たちが地域協議会や地域まちづくり推進委員会を住民と地域を代表しているとみなすのも、そこに自治会が中心的に関与しているからである。また、地域まちづくり推進委員会が地域課題の解決に取り組む活動をする際にも、まず骨格に自治会があり、そこから未加入者も含めて活動の輪を広げていくのである。だから、自治会と都市内分権とは持ちつ持たれつ、車の両輪の関係にある。

自治会サイドから見れば、都市内分権は、新たな舞台を与えられて、未加入者の住民に対しても、自治会の姿をアピールすることを通じて、会員を増やし加入率を回復していくチャンスと見るべきである。

行政側から都市内分権をやろうという提案を受けて、自治会サイドは、屋上屋だという批判をする場合がある。他方で、自治会の加入率が極端に低かったり、空白地域があったりすると、都市内分権の前に自治会再建が先だろうという反応もよく見受けられる。

自治会サイドも、都市内分権の試みを発展のチャンスとして前向きに受け止めるべきではないかと思う。

このブックレットにも書かれているように、宮崎市は、地域まちづくり推進委員会と自治会に関する条例（いわゆる「きずな社会づくり条例」）を制定したのは、意義深いことである。

解題は以上としよう。ほかにも、宮崎市の地域自治区については、特徴的なこと学びたいことがたくさんあるが、それはこのブックレット自体を読者に実際に読んでいただくのが一番良い。

著者紹介

宮崎市地域振興部地域コミュニティ課地域まちづくり推進室

コミュニティ政策学会監修

まちづくりブックレット　2

宮崎市地域自治区住民主体のまちづくり

2021年12月20日　　初　版第1刷発行　〔検印省略〕
定価は表紙に表示してあります。

著者© 宮崎市地域振興部地域コミュニティ課 地域まちづくり推進室　／発行者 下田勝司　印刷・製本／中央精版印刷

東京都文京区向丘 1-20-6　郵便振替 00110-6-37828
〒 113-0023　TEL (03) 3818-5521　FAX (03) 3818-5514
発行所 株式会社 東信堂

Published by TOSHINDO PUBLISHING CO., LTD.
1-20-6, Mukougaoka, Bunkyo-ku, Tokyo, 113-0023, Japan
E-mail : tk203444@fsinet.or.jp http://www.toshindo-pub.com

ISBN978-4-7989-1597-5 C0336

東信堂

まちづくりブックレット

1 自治会・町内会と都市内分権を考える　名和田是彦　一〇〇〇円
2 宮崎市地域自治区住民主体のまちづくり　宮崎市地域振興部地域コミュニティ課 地域まちづくり推進室　一〇〇〇円
3 横浜の市民活動と地域自治　石井大一朗編著　一〇〇〇円
4 地元コミュニティの水を飲もう ―ポストコロナ時代のまちづくりの構想　鳥越皓之　一〇〇〇円
5 熟議するコミュニティ　伊藤雅春　一〇〇〇円

コミュニティ政策叢書

1 日本コミュニティ政策の検証 ―自治体内分権と地域自治へ向けて　山崎仁朗編著　四六〇〇円
2 高齢者退職後生活の質的創造 ―アメリカ地域コミュニティの事例　加藤泰子　三七〇〇円
3 原発災害と地元コミュニティ ―福島県川内村奮闘記　鳥越皓之編著　三六〇〇円
4 自治体行政と地域コミュニティの関係性の変容と再構築 ―「平成大合併」は地域に何をもたらしたか　役重眞喜子　四二〇〇円
5 さまよえる大都市・大阪 ―「都心回帰」とコミュニティ　鯵坂学・徳田剛・西村雄郎・丸山真央 編著　三八〇〇円
6 地域のガバナンスと自治 ―平等参加・伝統主義をめぐる宝塚市民活動の葛藤　田中義岳　三四〇〇円
7 地域自治の比較社会学―日本とドイツ　山崎仁朗　五四〇〇円
8 米国地域社会の特別目的下位自治体 ―生活基盤サービスの住民参加実際のガバナンス　前山総一郎　三六〇〇円
9 住民自治と地域共同管理　中田実　三四〇〇円
10 自治体内分権と協議会 ―革新自治体・平成の大合併・コミュニティガバナンス　三浦哲司　三二〇〇円

〒113-0023　東京都文京区向丘 1-20-6　TEL 03-3818-5521　FAX03-3818-5514　振替 00110-6-37828
Email tk203444@fsinet.or.jp　URL:http://www.toshindo-pub.com/

※定価：表示価格（本体）＋税

東信堂

書名	著者	定価
コミュニティ思想と社会理論	橋本和孝・吉原直樹・速水聖子 編著	二七〇〇円
地域社会研究と社会学者群像―社会学としての闘争論の伝統	橋本和孝	五九〇〇円
シカゴ学派社会学の可能性―社会的世界論の視点と方法	宝月誠	六八〇〇円
正統性の喪失―アメリカの街頭犯罪と社会制度の衰退	G・ラフリー 宝月誠監訳	三六〇〇円
歴史認識と民主主義深化の社会学	庄司興吉編著	四二〇〇円
主権者の社会認識―自分自身と向き合う	庄司興吉	二六〇〇円
主権者の協同社会へ―新時代の大学教育と大学生協	庄司興吉	二四〇〇円
地球市民学を創る―地球社会の危機と変革のなかで	庄司興吉編著	三二〇〇円
社会学の射程―ポストコロニアルな地球市民の社会学へ	庄司興吉	三二〇〇円
再帰的＝反省社会学の地平	矢澤修次郎編著	二八〇〇円
社会的自我論の現代的展開	船津衛	二四〇〇円
ハーバーマスの社会理論体系	永井彰	二八〇〇円
丸山眞男―課題としての「近代」	中島道男	二四〇〇円
ハンナ・アレント―共通世界と他者	中島道男	二四〇〇円
観察の政治思想―アーレントと判断力	小山花子	二五〇〇円
未来社会学 序説―勤労と統治を超える	森元孝	二〇〇〇円
理論社会学―社会構築のための媒体と論理	森元孝	二四〇〇円
貨幣の社会学―経済社会学への招待	森元孝	一八〇〇円
階級・ジェンダー・再生産―現代資本主義社会の存続メカニズム	橋本健二	三二〇〇円
現代日本の階級構造―理論・方法・計量分析	橋本健二	四五〇〇円
人間諸科学の形成と制度化―社会諸科学との比較研究	長谷川幸一	三八〇〇円
現代社会と権威主義―フランクフルト学派権威論の再構成	保坂稔	三六〇〇円

〒113-0023 東京都文京区向丘 1-20-6 TEL 03-3818-5521 FAX03-3818-5514 振替 00110-6-37828
Email tk203444@fsinet.or.jp URL:http://www.toshindo-pub.com/

※定価：表示価格（本体）＋税

東信堂

国際社会学ブックレットシリーズ

- 国際社会学の射程―日韓の事例と多文化主義再考　国際社会学ブックレット1　西原和久・芝真里 編訳　一二〇〇円
- 国際移動と移民政策―社会学をめぐるグローバル・ダイアログ　国際社会学ブックレット2　有田伸・山本かほり・西原和久 編著　一〇〇〇円
- トランスナショナリズムと社会のイノベーション―越境する国際社会学とコスモポリタン的志向　国際社会学ブックレット3　西原和久　一三〇〇円
- 現代国際社会学のフロンティア―アジア太平洋の越境者をめぐるトランスナショナル社会学　国際社会学ブックレット4　西原和久　一一〇〇円
- グローカル化する社会と意識のイノベーション―国際社会学と歴史社会学の思想的交差　西原和久　二六〇〇円

- 海外日本人社会とメディア・ネットワーク―バリ日本人社会を事例として　吉原直樹・今野裕昭・松本行真 編著　四六〇〇円
- 移動の時代を生きる―人・権力・コミュニティ　大西仁・吉原直樹 監修　三二〇〇円
- 北欧サーミの復権と現状―ノルウェー・スウェーデン・フィンランドを対象にして　先住民族の社会学1　小内透 編著　三九〇〇円
- 現代アイヌの生活と地域住民―札幌市・むかわ町・新ひだか町・伊達市・白糠町を対象にして　先住民族の社会学2　小内透 編著　三九〇〇円
- 白老における「アイヌ民族」の変容―イオマンテにみる神官機能の系譜　西谷内博美　二八〇〇円

- 迫りくる危機『日本型福祉国家』の崩壊―北海道辺境の小規模自治体から見る　北島滋　一〇〇〇円
- ネオリベラリズム都市と社会格差―インクルーシブな都市への転換をめざして　城所哲夫・瀬田史彦 編著　三六〇〇円
- 分断都市から包摂都市へ：東アジアの福祉システム　全泓奎 編著　三二〇〇円
- 東アジア都市の居住と生活：福祉実践の現場から　全泓奎 編著　二八〇〇円
- 東アジア福祉資本主義の比較政治経済学―社会政策の生産主義モデル　メイソン・キム著　阿部・全・箱田監訳　二六〇〇円
- 東アジアの高齢者ケア―国・地域・家族のゆくえ　須田木綿子・平岡公一・森川美絵 編著　三八〇〇円
- 園田保健社会学の形成と展開　山手茂・米林喜男・須田木綿子 編著　三六〇〇円
- 社会的健康論　園田恭一　二五〇〇円
- 保健・医療・福祉の研究・教育・実践　山手茂・園田恭一・米林喜男 編　三四〇〇円
- 研究道　学的探求の道案内　平岡公一・武川正吾・山田昌弘・黒田浩一郎 監修　二八〇〇円
- 認知症家族介護を生きる―新しい認知症ケア時代の臨床社会学　井口高志　四二〇〇円

〒113-0023　東京都文京区向丘1-20-6　TEL 03-3818-5521　FAX03-3818-5514　振替 00110-6-37828
Email tk203444@fsinet.or.jp　URL:http://www.toshindo-pub.com/

※定価：表示価格（本体）＋税